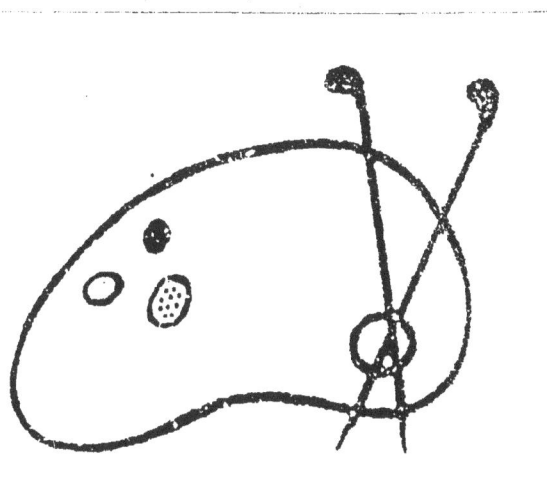

Couvertures supérieure et inférieure
en couleur

COUVERTURES SUPERIEURE ET INFERIEURE D'IMPRIMEUR.

LES GASCONNADES
DE L'AMOUR

LIBRAIRIE DE E. DENTU, ÉDITEUR

DU MÊME AUTEUR

CÉSAR BERTHELIN, 1 vol. . . . . 3 »
LE DRAME DE LA SAUVAGÈRE, 1 vol . . . . 3 »
L'ENCHANTERESSE, 1 vol. . . . . 3 »
LES MARIAGES D'AUJOURD'HUI, 1 vol. . . . . . . 3 »

HISTOIRE DE LA RÉVOLUTION DU 18 MARS, 1 vol. . 3 »
SOUVENIRS DE LA TRIBUNE DES JOURNALISTES, 1 vol. 3 »

IMPRIMERIE GÉNÉRALE DE CHATILLON-SUR-SEINE. — J. ROBERT.

PHILIBERT AUDEBRAND

LES GASCONNADES
DE L'AMOUR

SCÈNES DE LA VIE PARISIENNE

PARIS
E. DENTU, ÉDITEUR
LIBRAIRE DE LA SOCIÉTÉ DES GENS DE LETTRES
PALAIS-ROYAL, 15-17-19, GALERIE D'ORLÉANS
—
1881
Tous droits réservés.

A

L'OMBRE

DE

RÉTIF DE LA BRETONNE

MBRE d'un infatigable noctambule,

Ame d'un fureteur,

Spectre d'un rêveur tout éveillé,

Fantôme du premier des historiographes de la rue,

Du fond des Enfers, où tu dois être, accepteras-tu la dédicace de ce livre écrit par un de tes disciples?

Vieux diseur de calembredaines,

Arrière-neveu de l'empereur Pertinax, à ce que tu as cherché à nous faire accroire ;

Petit-fils d'un honnête toucheur de bœufs de la Basse-Bourgogne, à ce que disent les biographes ;

Prolétaire à particule, à ce que nous voyons au frontispice de tes œuvres si nombreuses et déjà introuvables ;

Révolutionnaire par caprice, on pourrait dire par suite d'épidémie ;

Philosophe, la nuit, toujours armé d'une lanterne, comme Diogène, un autre de tes ancêtres ;

Ivrogne de gloire littéraire, toujours poussé par la soif d'apprendre comme l'auteur d'*Émile,* ce qui t'a fait surnommer par nos pères de 1795 à 1805 : *le Jean-Jacques du ruisseau ;*

Romancier, le jour ;

Ouvrier typographe, le soir, pour imprimer toi-même tes romans, que tu composais souvent sans les écrire ;

Ami inattendu de ce bizarre Sébastien Mercier, l'auteur du *Tableau de Paris,* — lequel était l'ennemi de tout le monde ;

Amoureux de duchesses idéales, que tu ne faisais que voir passer dans leurs carrosses ;

Ne pouvant guère soupirer en réalité que pour des Gothons de cabaret, mais que ton imagination parait de perles et de plumes d'autruche ;

Tribun mêlé de satiriste, prédicateur sans colère mais non pas sans verve ;

Enfant d'une époque famélique et rabelaisienne, t'inquiétant plus de penser que de manger ;

Homme d'action, voyant ses contemporains chercher à s'enrichir et travaillant surtout à la fortune des autres ;

Plus marcheur que ne l'a été le Juif-Errant, mais ne te lassant pas d'user la plante de tes pieds sur le même pavé ;

Ne possédant pas une seule notion complète d'une spécialité quelconque, mais ayant au fond de ta boîte osseuse un peu du trésor de cent bibliothèques ;

Sentimental et grossier, lyrique et englué de grosse prose ;

Mariant sans cesse la réalité au rêve, l'utopie à la chose du présent ;

Réfractaire d'une société que tu t'épuisais à défendre ;

Original sans copie, mais, à travers tant de dissonances, de contrastes et de métamorphoses, observateur vigilant des mœurs du Paris d'il y a cent ans, à qui aurais-je pu mieux m'adresser qu'à toi pour patronner ce petit livre ?

Déjà, bien avant moi, des écrivains de ce siècle, et des plus illustres, se sont recommandés de toi, tout en glanant sur ton domaine. Gérard de Nerval les a signalés : Frédéric Soulié, quand il a écrit les *Mémoires du Diable;* Eugène Sue, quand il s'est mis à faire les *Mystères de Paris.*

Pour moi, je n'ai voulu m'aider que d'un mot prophétique. Sous le Directoire, lorsque tu composais le *Pied de Fanchette,* ce récit si étrange, tu as dit : *Notre dix-huitième siècle a fait de l'Amour un amusant mensonge. Celui qui viendra après lui en fera une suite de Gasconnades.* — Cette parole d'un homme aux yeux de lynx m'a paru bonne à recueillir.

Bien mieux, j'en ai fait le titre de ces pages.

Ce sera à toi à dire s'il se trouve dans ce livre autant d'observation et de vérité que dans un des chapitres de tes *Nuits de Paris*.

I

LA LETTRE DE MME H*** DE Z***

CELA a commencé à l'Opéra. On jouait l'*Aïda* de Verdi. Au moment même où la fille de Pharaon entrait en scène, une action romanesque s'engageait dans la salle. Un jeune homme blond, placé dans une stalle du balcon, côté droit, paraissait moins occupé de la musique et des chanteurs que d'une très belle dame qui ornait une loge de face; — nous ne disons pas de quel rang afin de n'être pas trop indiscret. Un jeune homme brun, debout dans le couloir de l'orchestre, côté gauche, observait le manège et ne perdait aucun des légers signes d'intelligence qui s'échangeaient entre le balcon et la loge.

Les trois personnages, ainsi posés, formaient un triangle à peu près équilatéral. La jeune dame jouait assez bien la coquetterie ; le jeune homme blond était riant et radieux : le jeune homme brun, sombre et farouche.

Après le spectacle, le triangle se resserra ; les trois personnages se trouvèrent assez rapprochés, dans la foule, pour permettre à la jeune dame de glisser un billet dans la main du jeune homme blond, et cela si adroitement que l'œil d'un jaloux pouvait seul s'en apercevoir. Le tour étant fait, la jeune dame monta en voiture avec les personnes qui l'accompagnaient ; le jeune homme blond plaça mystérieusement le billet dans un petit portefeuille qu'il mit dans la poche de son habit, sur sa poitrine, et le jeune homme brun prit en frémissant le bras d'un de ses amis qui lui parlait depuis cinq minutes et qu'il n'écoutait pas.

Suivons le jeune homme blond, qui jusqu'ici joue le meilleur rôle dans l'intrigue. Leste et fringant comme on l'est à l'aurore d'une bonne fortune, il allume un cigare et il prend d'un pied léger le chemin de sa demeure, se réservant de lire sa lettre lorsqu'il sera chez lui et commodément assis près d'un bon feu. Le sybarite voulait savourer délicieusement son bonheur. La nuit était belle, le ciel étoilé, le pavé sec ; il demeurait à peu de distance de l'Opéra ; ce n'était pas la peine de prendre une voiture.

Il s'en allait donc à pied, fredonnant, la tête pleine d'idées voluptueuses, — lorsque au coin de la rue Saint-Lazare, deux hommes enveloppés de paletots dont le collet relevé leur cachait le visage et armés de grosses cannes, s'élancent sur lui, le saisissent, lui ferment la bouche, plongent leurs mains dans ses poches, puis se sauvent à toutes jambes. Cela se passa avec la rapidité d'un éclair.

Revenu de sa première émotion, le jeune homme blond commença par s'assurer qu'il n'avait reçu aucune blessure ; puis il tâta ses poches pour savoir ce qu'on lui avait pris. O surprise ! il avait encore sa montre et sa bourse : on ne lui avait enlevé que son portefeuille.

— Sans doute les bandits se seront imaginés que son portefeuille était garni de billets de banque !... Les maladroits ! pensa le volé en souriant ; il n'y avait pas un seul billet... c'est-à-dire si, il y en avait un ! le billet d'Hortense ! Ah ! j'aurais préféré perdre un billet de mille francs, ma montre, ma bourse et tout ce que j'avais sur moi. Ces damnés voleurs, qui vont être bien attrapés, me rendraient service si, reconnaissant leur erreur, ils venaient me rapporter mon portefeuille pour me prendre ce qu'ils m'ont laissé.

Mais les voleurs me revinrent pas, comme vous le pensez bien.

Quittons maintenant le jeune homme blond, qui

commence à jouer le mauvais rôle de l'intrigue ; nous rejoindrons le jeune homme brun sur le boulevard des Italiens, au moment où il dit à son ami, à son co-voleur :

— Merci, mon cher complice. Je tiens ma proie ! Décidément le métier de voleur a du bon et peut profiter aux bonnes gens dans l'occasion. Voilà la lettre de mon adorée à cet animal !

Le lendemain, à l'heure du rendez-vous que le billet donnait à l'infortuné jeune homme blond, le voleur, par circonstance, se présenta chez la jeune dame, que le nom d'Hortense ne compromettra pas.

— Madame, lui dit-il, vous avez été indignement trahie, et je viens vous faire une restitution.

— Que voulez-vous dire, monsieur?

— Cette lettre vous expliquera tout.

Et il présenta la lettre volée.

— Ah! mon billet à Frédéric! Comment est-il entre vos mains?

— Hier, madame, en sortant de l'Opéra, j'ai soupé avec M. Frédéric au café de Paris. Nous étions là sept ou huit jeunes gens. Chacun parlait de ses aventures, excepté moi, qui n'avais rien à dire, car je suis malheureux, et vous le savez peut-être. M. Frédéric, au contraire, était triomphant. Animé par le vin de Champagne, il osa prononcer votre nom ; je lui imposai silence. Alors il tira de son portefeuille cette lettre, qu'il voulait montrer aux convives afin de prouver son bonheur : je la lui arrachai des mains en disant qu'il mentait. Demain je me battrai avec lui ; mais nul autre que moi n'a vu votre lettre, et je serai trop heureux de risquer ma vie pour vous donner un gage de mon dévoûment.

— C'est bien, monsieur. Ce que vous avez fait est d'un homme de cœur et je vous en suis reconnaissante.

Ce mot ne disait que la moitié de la pensée. Le voleur était charmant, et Hortense se sentait attendrie de son action. Elle se repentait d'avoir dédaigné la barbe noire si sentimentale, pour la moustache blonde, si perfide. Mais le tort était facile à réparer. — Il se répara... très vite.

Le malheur de Frédéric était à son comble, lorsque, plein de confiance et voulant continuer son roman, il parvint à se trouver un moment seul avec Hortense.

— Eh quoi! monsieur, lui dit-elle, vous avez l'audace de vous présenter devant moi?

Étonné de cet accueil, Frédéric demanda comment il l'avait mérité, puis il reprit :

— Ah! je devine! c'est peut-être parce que je n'ai ni obéi ni répondu à votre billet?

— Mon billet! vous osez m'en parler!

— Pourquoi ne l'oserais-je pas?

— Je sais tout, monsieur.

— Ah! vous avez été informée de mon aventure? C'est singulier! je n'en ai parlé à personne.

— J'ai tout appris, monsieur, et l'on m'a rendu la lettre que j'avais eu la faiblesse d'écrire dans un moment d'erreur.

— On vous l'a rendue! Et qui donc?

— Mais celui qui vous l'avait prise.

— Le voleur?

— Je vous prie, monsieur, d'employer d'autres termes lorsque vous parlerez devant moi de M. Anatole de S***.

— Anatole! c'est lui qui avait ma lettre?

— Vous le savez, puisqu'il vous l'a arrachée de vive force...

Frédéric comprit alors seulement qu'il était dupe d'une mystification. Il apprit à Hortense de quelle façon le billet lui avait été enlevé, mais le voleur avait si bien gagné sa cause que la ruse lui fut pardonnée, — et Frédéric avait si bien perdu la sienne que la preuve de son innocence ne pouvait plus lui rendre ses droits usurpés.

Il ne lui restait plus qu'à provoquer son heureux rival, et c'est ce qu'il fit. Anatole avait annoncé qu'il se battrait pour l'objet de sa passion, et en cela du moins il disait vrai. Le sort, qui devait une réparation à Frédéric, lui envoya un coup d'épée. N'était-ce pas là ce qui pouvait lui arriver de mieux? Un bras en écharpe était le seul moyen qui lui restât de reprendre l'air intéressant.

Et puis sa blessure lui permettait de rester enfermé chez lui pendant une quinzaine de jours et de laisser ainsi tomber les railleries que son aventure ne pouvait manquer de soulever. Et, en nous racontant cette histoire, il ajoutait :

— Ce n'est pas au bras droit, c'est au cœur que je suis le plus blessé.

II

LE PANIER DE FRAISES

IL se nomme Ernest Caussade. Entre nous, c'est un assez beau garçon et un élégant par-dessus le marché. Ne le prenez pas d'ailleurs pour un sot ni pour un lâche. Quant à moi, j'inclinerais à penser qu'il y a en lui l'étoffe d'un philosophe de très haute portée.

Au fait, tenez, vous allez bien voir ce qui en est.

C'était il y a quatre ans, au moment même de ses noces, à l'heure toujours solennelle du bal.

— Tu me trouves gai, me dit-il : au fond je ne le suis guère.

— Avec une si belle femme, après une si belle dot?

Il alla fermer la porte et revint à moi : puis, d'un ton mystérieux :

— Écoute, me dit-il. Ce matin, en passant par la Halle, je vis chez une grosse fruitière un petit panier de fraises magnifiques. J'en fus tenté : c'est une primeur. J'en offris un prix fou. La marchande, avec un soupir de regret, me refusa : c'était un cadeau d'un amoureux pour sa belle. La fruitière me le dit, tout en arrangeant les fraises dans une corbeille de fort bon goût et d'une forme particulière. Je me résignai, non sans être tenté d'attendre l'amoureux et de le conjurer de se départir de ce fruit en faveur de ma galanterie de nouvel époux. Le temps me pressait : quelques acquisitions, les témoins, la mairie, l'église, l'heure qu'il était, m'empêchèrent d'insister. En sorte que j'éprouvai le rancœur de ne pouvoir emporter avec moi le panier de fraises.

— Et c'est cela qui te tourmente?
— Pardieu!
— Je ne t'aurais jamais cru si gourmand.
— Et moi, je ne t'aurais jamais cru si stupide; tu ne vois pas plus loin que le bout de ton nez; mais avant de te dire le reste, va voir si l'on danse toujours.

Je m'approchai de la porte vitrée, et, par le rideau de mousseline, je vis la mariée qui dansait la *Petite laitière*. On était à la note criarde et traditionnelle qui se prolonge démesurément pour que le cavalier tienne avec intérêt sa danseuse pendant quelques secondes.

— Et puis? dis-je à mon ami.

— Figure-toi que tout à l'heure, tandis que la mère de ma femme et les demoiselles d'honneur lui passaient une robe de bal, j'ai pénétré, comme un fraudeur, dans le sanctuaire où ma belle, en simple corset, mangeait du bout de ses lèvres, avec une petite cuiller de vermeil, les maudites fraises l'une après l'autre.

— En vérité?

— C'est comme j'ai l'honneur de te le dire. J'ai reconnu la jolie corbeille de la marchande. A mon air décontenancé devant cet objet qui m'a fait ouvrir les yeux comme des portes cochères :

— C'est une primeur, m'a dit la gentille gourmande, et je les adore : n'y touchez pas.

— Et tu n'y as pas touché?

— Bien entendu. C'est un pupille de son père, le joli cavalier qui l'embrasse dans ce moment, si j'en crois les violons, qui m'a joué ce plaisant tour-là.

— Pardieu! tu connais dès le premier jour l'ami de la maison. Que feras-tu?

— Rien : il n'y a rien à faire. Seulement, comme je suis prévenu, j'aurai toute la discrétion possible, afin de ne plus m'apercevoir de rien : et cette confidence est pour ta gouverne.

Il y a quelques années de ceci, et Ernest Caussade est heureux comme Scarmentado.

III

L'HOMME

AUX TREIZE FEMMES

N 1867, le colonel Anderson, chef de la police de Londres, envoyait au préfet de police de Paris, une dépêche conçue à peu près en ces termes :

« Londres, 15 mai 1867.

» Monsieur le préfet,

» En vertu des traités qui lient la France et la Grande-Bretagne, je viens vous prier de rendre à Sa Majesté Britannique un très grand service. Il s'agit de faciliter, d'abord, l'arrestation, et, en second lieu, l'extradition d'un hardi coquin, d'origine anglaise, qu'on sait s'être réfugié récemment à

Paris. Cet homme, nommé John Smith, est un véritable Protée. Il change presque aussi aisément de visage que de nom. On assure qu'il porte toujours sur lui un portefeuille bourré de banknotes, et ses goussets sont remplis d'or. Mais le trait distinctif de cette personnalité, est une tendance invincible à s'emparer des femmes d'autrui. Divers procès-verbaux constatent que ce John Smith est bigame en Angleterre, bigame en Écosse, bigame en Irlande, bigame aux États-Unis, bigame en Allemagne, bigame en Italie, bigame en Espagne, bigame en Portugal, bigame en Danemark, bigame en Russie, bigame en Suisse, et tout annonce qu'il se prépare à être encore bigame en France. C'est pour empêcher la consommation d'un nouvel attentat social que la police de Sa Majesté tient à mettre la main sur ce sacrilège de la pire espèce.

» Avec la dépêche que je prends la liberté de vous adresser, monsieur le préfet, vous trouverez quinze portraits photographiques. Ces cartes représentent aussi fidèlement que possible le susdit John Smith dans ses principaux avatars. J'y ajoute son signalement fort détaillé, mais en prenant soin de vous faire remarquer que l'individu en question, plus habile à se grimer qu'un comédien de Covent-Garden, déroute sans cesse les pistes les plus vigilantes, en prenant d'heure en heure toutes les figures qu'il lui plaît. Pendant son séjour à Londres, il s'est montré à tour de rôle sous la physionomie d'un maire, sous celle d'un jockey, sous celle d'un clown nègre, sous celle d'un gentleman du meilleur ton et sous celle d'un prêtre catholique attaché à la personne du cardinal Wiseman. On se disposait à l'arrêter sous cette dernière forme, qnand il a trouvé moyen de l'échapper et de gagner Douvres, habillé en jeune lady, s'en allant à Calais rejoindre un gros négociant en coutellerie de votre ville, lequel avait la naïveté de se croire en bonne fortune.

» Là s'arrêtent nos renseignements, monsieur le préfet; seulement nous savons, à ne pouvoir nous y méprendre, que le drôle est à Paris, la ville du monde où l'on s'amuse le plus et où il y a trois cent mille moyens de se cacher. Néanmoins nous ne perdons pas l'espoir de prendre notre coquin au trébuchet. La police française aidant, notre tâche sera vite simplifiée. Au surplus, en même temps que part cette missive, deux de nos plus habiles détectives prennent le paquebot et se mettront à votre disposition. Ce sont les nommés Péters Jacoby et Isaac Shore, deux limiers qui ont les narines de vrais chiens de chasse. Il faudra que le John Smith ait le diable au corps, s'il leur échappe.

» Veuillez agréer, monsieur le préfet, l'assurance de ma considération la plus distinguée.

» Colonel W. ANDERSON. »

Extrader un malfaiteur international n'est rien,

quand on a le sujet sous la main, mais arrêter un Anglais retors au milieu de ces dix mille îlots de maisons qu'on appelle Paris, c'est le diable à confesser ou la mer à boire. Plein d'audace, cousu d'or, ayant l'habitude de changer plus souvent de physionomie qu'un gommeux ne change de chemise, fait à vivre avec le peuple autant qu'à frayer avec l'aristocratie, ce John Smith échappait réellement à toutes les investigations. Par bonheur, chacun des deux détectives lui ressemblait sous le rapport de l'art de se métamorphoser; chacun d'eux aussi avait beaucoup d'or dans ses goussets.

— Ne craignez pas la dépense, avait dit le colonel Anderson : c'est la morale publique qui paie.

Au bout de la première semaine, un jour, Isaac Shore, habillé en marchand des quatre saisons, promenait dans une voiture dix bottes d'asperges, qu'il ne songeait pas à vendre, lorsque ses yeux de lynx se fixèrent, quai Conti, sur un personnage qui, le lorgnon pendu à un fil de caoutchouc, ébauchait un madrigal avec une jeune et jolie modiste du pays Latin, évidemment en course pour les besoins de son magasin. Il ne fallut au limier qu'un éclair pour voir que ce promeneur galant n'était autre que le Joconde qui promenait à travers les deux mondes la passion de la bigamie. L'arrêter ? Il l'eût fait, s'il avait vu passer un sergent de ville ou un gardien de la paix, et cela en exhibant une commission de Londres, approuvée à Paris ; mais, pour le moment, il ne passait sur le quai qu'un groupe de membres de l'Académie française se rendant au palais Mazarin pour y toucher des jetons de présence.

— Il est à Paris, pour sûr, dit Isaac Shore, le soir, à Peters Jacoby. Je l'ai vu, quai Conti, papillonnant avec une grisette. Voilà déjà une certitude acquise. Veillons!

Peters Jacoby, piqué au jeu, veilla de la manière la plus sérieuse. Pour avoir une raison plausible de parcourir Paris, il portait sur la tête une planche, et sur cette planche cette sempiternelle réduction en plâtre de l'*Écorché*, de Michel-Ange, que les petits Italiens font semblant de vendre aux passants, et que ces derniers n'achètent jamais. Léon Gozlan disait, une fois, à l'un de ces problématiques industriels : — Combien avez-vous vendu de ces *Écorchés?* — Jamais un seul, monsieur. — Et ils vivent pourtant. Mais de quoi donc vivent-ils? Allez donc demander au pinson de quoi il vit, l'hiver. — Ce qu'il y a de sûr, c'est que le détective faisait ce métier-là.

En longeant le boulevard Malesherbes, zone des millionnaires et des Phrynés de la haute gomme, à cent pas du parc de Monceaux, Peters Jacoby, promenant toujours sa statuette, aperçut un groupe de trois personnes. Comme presque toujours à Paris, ce trio formait le bouquet à trois fleurs : le mari, la femme et l'amant.

LE MARI. — Figure joufflue, tête bouclée, des joues rouges, gros ventre, avec un paquet de breloques dessus. C'était M. Z***, brave homme, qui sollicitait alors une place de préfet, — un préfet de l'empire!

LA FEMME. — Ah! charmante! mille fois charmante, suivant le type de la beauté de ce millésime : tête blonde, yeux bleus, nez impudent, figure endiablée, un luxe insensé. — Ah! les blondes de la vieille garde! les blondes de la chronique des chroniques!

L'AMANT. — Cavalier d'une toilette irréprochable, une gravure du *Journal des Tailleurs,* binocle en nikel, gants gris-perle, un stick et les bottes vernies. les mieux vernies qu'il y ait sous la calotte du firmament.

— Mais, se dit le détective *in petto,* voilà notre homme. Ah! si je pouvais l'arquepincer!

Justement on l'appelait. Les blondes ont des caprices. Celle-là voulait avoir un exemplaire de l'*Écorché,* de Michel-Ange. Demandez-moi un peu pourquoi? Péters s'approcha avec son bagage, et en s'approchant, il se disait :

— Pas de fol emportement. Dissimulons. Mûrissons un projet. Allons lentement, mais sûrement.

Il vendit l'*Écorché* vingt-sept francs cinquante centimes, mais en demandant à apporter une copie du Persée de Benvenuto Cellini. Ce qu'il voulait c'était entrer dans l'hôtel et il y entra. Une fois là, au bout de trois jours, il s'ouvrit au mari et lui dit tout :

— On vous nommera préfet, lui dit-il, si vous voulez vous prêter à l'arrestation du bigame. Ça vous va-t-il ?

— Ça me va.

Un soir donc, tous trois étaient à table, boulevard Malesherbes, le mari, la femme et l'amant, quand, au dessert, celui qui désirait être préfet s'esquiva, sous un prétexte, pour aller à cent pas, dans la rue, chercher deux extraits de la police française et de la police anglaise. Mais grande fut sa surprise, à son retour : John Smith, l'incorrigible bigame, s'était enfui par les derrières, en emmenant avec lui la belle blonde.

Il devenait bigame pour la quatorzième fois.

Toutes les polices de l'Europe sont à ses trousses, mais il paraît que le fugitif est en Chine, pays de quatre cents millions d'habitants. — Cherchez-le donc!

IV

UN BARON POUR RIRE

BLAGUER, gasconner, tromper, tout cela est usité chez nous en fait de mariage ou, si vous voulez, en fait d'amour qui mène au mariage. A la fin, pourtant, il n'est pas de pot-aux-roses qui ne se découvre. On démasque le mensonge. Eh bien, après?

L'amour n'étant presque plus compté pour rien dans les accouplements légaux du jour, une incessante comédie se joue à ce sujet. On s'épouse par intérêt, par vanité, par suite d'importunité. Si la chose n'était pas odieuse, elle serait comique. Le fait est que l'aventure prête fort souvent à rire.

Ah! nous le savons, les mariages burlesques ou

infâmes ne datent pas de nos jours. Ça a commencé surtout sous Henri IV, c'est-à-dire du temps de Sébastien Zamet, *seigneur de quinze mille écus d'or*. Plus tard, le maquignonnage s'est perfectionné avec le temps. Ainsi, sous la Régence, l'Ecossais Law avait une fille âgée de sept ans. Du jour où ce fut connu, on se disputa chez les nobles de vieille souche à qui aurait l'honneur de faire épouser son fils à cette progéniture du hardi spéculateur. A la même époque, un manieur d'argent, qui descendait en ligne directe des Hébreux, entrait de plain-pied dans une famille catholique blasonnée, celle des Molé; on n'a pas oublié cette prouesse de Samuel Bernard. Mais pour ceux des grands qui s'encanaillaient si résolument, il y avait alors une formule qui était tout à la fois une impertinence et une excuse. Se marier avec des roturiers enrichis, ils appelaient ça : *fumer leurs terres*.

Dans les *Souvenirs de la marquise de Créquy*, ces Mémoires bourrés de tant de révélations amusantes, on trouve une anecdote des plus curieuses sur le mariage d'un duc de Broglie avec une bourgeoise d'Alsace. Mais en dépit de la nuit du 4 août 89, les gens de bel air ont conservé dans notre dix-neuvième siècle leurs dédains traditionnels pour les vilains; néanmoins ils n'hésitent pas à marier leurs héritiers au dernier des croquants ou des réprouvés, quand il est prouvé qu'il y a au fond beaucoup d'argent. Est-ce que nous n'avons pas vu un prince ultra-catholique, fils du dernier ministre de Charles X, donner sa personne et son nom à la fille d'un petit juif de Bordeaux ? Ah ! ce rusé Israélite ! un fin renard qui avait ramassé des millions en Bourse aussi aisément que ses ancêtres, fuyant l'Egypte, avaient recueilli la manne dans le désert ! En visant ce sujet presque épique, Léon Gozlan a écrit un de ses plus jolis contes, sous ce titre : — *Notre fille sera princesse.* — Princesse, la petite juive l'a été, un jour, mais le prince de Polignac mort, les instincts de sa race ont repris le dessus et elle a convolé en secondes noces avec un riche marchand de bouteilles du chef-lieu des Bouches-du-Rhône.

Laissez-nous maintenant arriver au racontar du faux baron.

Rois sans couronnes, princes sans états, ducs sans duchés, marquis sans marquisats, comtes sans comtés, barons sans baronnies, que de nobles pour rire sur le pavé de Paris ! J*** S*** n'était rien de tout cela et il s'était lui-même créé baron.

— Jean Sauvigny, baron de la Sapinière.

Cela se voyait sur de fort belles cartes de visite, enjolivées, bien entendu d'un très beau dessin héraldique, avec une devise *ad hoc*. La livrée allait de pair. Cinq valets de différents grades, stylés à cette discipline, ne manquaient pas de répéter cent fois par jour :

— Monsieur le baron par-ci, monsieur le baron par-là !

Baron ! La décoration aristocratique avait pour lui l'avantage inappréciable de déguiser une origine modeste dont il a la faiblesse et le tort de rougir. En se donnant des armoiries, il était heureux de couvrir et de dissimuler sous une fiction chevaleresque une réalité qui lui semblait fâcheuse. Son écusson blasonné cachait les panonceaux de feu son père, digne et honnête huissier dans une petite ville de province, en Bourbonnais.

Ce bon père, l'huissier, avait eu le talent de s'enrichir; c'était là son beau côté. Sans doute il avait instrumenté hors de son emploi dans quelques bonnes opérations financières, couronnées d'un succès productif; — il avait saisi l'occasion, disaient les plaisants; — il avait fait sommation à la Fortune, parlant à sa personne; après quoi il s'était donné la satisfaction de l'appréhender au corps et de l'incarcérer dans sa caisse.

Le fait est qu'il avait laissé à son fils vingt-cinq ou trente mille francs de rente. C'était là un dédommagement suffisant qui aurait dû le consoler de la médiocrité de son origine, s'il avait été quelque peu philosophe, mais qui, au contraire, lui avait inspiré des idées ambitieuses. Ce fils avait voulu illustrer sa fortune et se poser à la fois sur deux bons pieds dans le monde.

S'étant donc anobli, se sachant assez joli garçon, il avait alors pensé à une alliance matrimoniale avec la fille d'un vrai marquis, mais d'un marquis ruiné. Il ne faut pas oublier que ce gentilhomme, étant à cheval sur le blason, préférait, chose rare de nos jours, même l'éclat de la naissance à l'argent. C'est pourquoi, un peu avant la publication des bans, on le vit se livrer à une enquête sur l'origine du futur gendre.

— S'il était seulement simple chevalier, disait-il, comme nous le pincerions ! Comme il ferait notre affaire !

Mais on découvrit bien vite que le prétendu descendant des croisés n'était que le fils d'un huissier.

De là ce billet dont les belles dames se sont passé la copie de main en main, dans les salons de la rive gauche.

« Paris, le 15 mars 1875.

» Cher monsieur Jean Sauvigny,

» Un devoir impérieux me faisait une loi de me renseigner sur votre compte. J'ai donc interrogé l'état civil de votre arrondissement. Vous savez que j'ai pu apprendre une particularité : c'est que les exploits de vos ancêtres n'ont rien de semblable aux exploits des miens.

» En un tel état de choses, je n'ai qu'à vous prier de considérer ce qui s'est passé entre nous comme une fable sans moralité.

» Veuillez agréer, monsieur, tous mes compliments.

» MARQUIS DE P***. »

Les belles gasconnades de part et d'autre !

V

LES

TROIS MONTRES DU ZOUAVE

VARIANTE DE L'HISTOIRE DES AMOURS
DE MARS ET DE VÉNUS

Le 8 mai 1860, devait être un grand jour pour mademoiselle Félicie Spilmann, fille majeure de la blonde Alsace ; ce jour-là, elle devait être conduite à l'autel par un des vainqueurs de Sébastopol, un ancien zouave retiré du service avec une superbe moustache et la médaille de Crimée bardée de ses quatre brochettes d'argent. Des circonstances indépendantes de sa volonté ont obligé l'ex-guerrier à faire une légère conversion, et, au lieu de conduire mademoiselle Félicie devant

M. le maire, il la conduit aujourd'hui devant le tribunal correctionnel.

L'Alsacienne ne paraît pas le moins du monde effrayée de ce changement de conversion ; elle arrive sur le banc des prévenus la tête haute, se campe fièrement sur la hanche droite, les bras croisés sur la poitrine; ainsi pourrait-on représenter la statue de la force au repos.

Le zouave, appelé à formuler sa plainte, ne paraît pas intimidé de l'attitude de sa puissante adversaire, et, d'une voix non émue, dépose :

— Ayant placé ma confiance dans mademoiselle, au point de vouloir l'épouser pour le bon motif, je lui ai déposé entre ses propres mains différents effets de petit équipement, qui sont : une montre moitié or, moitié argent (le mot *vermeil* ne fait sans doute pas partie du dictionnaire du noble guerrier), une autre montre en argent pur et une troisième montre en or fin...

M. le Président. — Il n'est pas ordinaire d'avoir trois montres ; d'où vous venaient-elles ?

Le Zouave. — Me venaient de trois camarades de Crimée, avec lesquels j'avais fait le pari au dernier vivant. S'est trouvé qu'ils ont passé l'arme à gauche, et moi, naturellement, j'ai empoché les toquantes ; j'en ai eu bien des autres dans la campagne, vu que les camarades ne duraient pas longtemps sur leurs jambes ; mais comme on n'avait pas du rôti tous les jours dans le pays, a fallu s'en défaire de pas mal, au point que je n'ai rapporté que les trois que j'ai eu la faiblesse de confier à mademoiselle, qui me les a rincées par le moyen du Mont-de-Piété, son recéleur et son complice.

L'Alsacienne. — Puisque nous étions pour nous marier, je pouvais bien croire que j'avais le droit. Surtout, après. Il n'a plus voulu, mais il était trop tard. S'il veut les reconnaissances, je lui dirai le marchand à qui je les ai vendues; je crains rien, je suis une honnête femme; je crains rien, du tout, du tout, ah! mais du tout!

M. le Président. — Vous dites vous-même que vous étiez dans l'intention d'épouser cette fille; qui vous a fait changer d'idée?

Le Zouave. — Mon président, voilà. Telle que vous la voyez, la particulière, elle m'a dit qu'elle avait vingt-huit ans; mais quand j'ai eu mis le nez dans ses papiers, j'ai vu que les vingt-huit ans, elle les avait possédés en 1846, ce qui fait aujourd'hui la bonne quarantaine. Alors, j'ai été trouver mon ancien major (chirurgien major), pour lui demander si une femme de quarante ans ça pouvait vous donner la chance d'avoir des enfants, vu que, les enfants, je les adore et que j'en veux, et que sans enfants, pas de mariage. Le major m'ayant répondu avec sa grimace, que je connais bien, j'ai dit à mademoiselle Félicie : « Mademoiselle, si ça vous est égal, j'épouserai votre sœur; mais, pour ce qui est de vous, impossible, vu que je désire donner des enfants à la patrie. » Mademoiselle Félicie m'ayant griffé à la figure, je n'ai rien dit; mais n'ayant pas voulu me rendre les montres, qui est tout mon patrimoine pour me marier, j'ai été chez le commissaire, et voilà.

M. LE PRÉSIDENT, *à Félicie*. — Est-ce que vous n'êtes pas dans l'intention de rendre les montres ou leur valeur?

FÉLICIE. — Je crains rien du tout, du tout. Le zouave, il m'a fait faire des dépenses pour nous marier, pour les papiers et tout; tout ce que je peux faire, c'est de lui donner l'adresse des reconnaissances : je ne veux pas qu'il épouse ma sœur avec les montres qu'il m'a données.

LE ZOUAVE. — Données! pas de bêtises, l'ancienne! déposées, confiées, prêtées, si voulez, mais données, jamais!

A la grande surprise du zouave, le Tribunal n'a pas vu, dans le fait reproché à l'Alsacienne, une intention frauduleuse, et l'a renvoyée de la plainte.

— Mais quel amas de gasconnades de l'amour!

VI

FANTAISIE D'ACTRICE

LA MAISON DE POLLY

COMMENT faut-il l'appeler ? Louise ? Jenny ? Alice ? Laura ? — Au fond, un nom importe peu. Tous les noms de femme sont beaux, quand ils sont bien portés. Une actrice a rarement un vilain nom. Celle-là, — c'est une chanteuse légère, — est connue du public à cause de sa famille, très répandue sur les affiches de théâtre depuis un demi-siècle. Quant à elle, on ne la désigne, entre amis, que par son petit nom, tout différent de son nom d'artiste. — Je me rappelle à présent : on l'appelle Polly ; c'est anglais et c'est doux.

Pour une sorte de magnat hongrois qui l'adore, ce nom est une magie. — Ah ! bien, oui, la diplomatie, la politique, le jeu, les voyages, l'orgie, les duels, l'ambition, les rubans, qu'est-ce que tout cela peut faire à Son Excellence? Le magnat, qui est comte palatin, a des forêts, trois châteaux, une grande pêche sur un affluent du Danube, et un crû qui donne un vin qui rivalise avec le tokay, mais il n'apprécie tout cela qu'en raison de Polly.

Rien de trop cher pour cette tête folle. En Hongrie, dans la demeure aristocratique où il est né, le comte a trouvé, dans une cassette, pour un demi-million de diamants. — Ces brillants ont dansé souvent à la cour d'Autriche. — Ils entourent une couronne d'aïeule. — Ça ne fait rien, c'est pour coiffer la jolie tête brune de Polly.

Croiriez-vous que Polly ne se tient pas pour heureuse? — Je vais vous dire, c'est ce qui arrive souvent pour ces adorables corps de femme qui sortent souvent de souches vulgaires : elles sont malheureuses de trop de bonheur. — Toutes, plus ou moins, ressemblent à l'enfant capricieux auquel on avait tout donné et qui, par-dessus le marché, demandait encore la lune.

Ah! si le magnat pouvait donner la lune à Polly, il y a longtemps que Polly aurait lâché la lune pour la donner à sa femme de chambre!

Un jour Polly était rêveuse, ce qui indique naturellement que le comte hongrois était devenu triste.

— Comment donc! se disait-il, y a-t-il donc un de ses souhaits que je ne puisse satisfaire?

Polly laissait tomber sa jolie tête dans ses mains. Elle rêvait, je viens de vous le dire. A un certain moment, elle se mit à soupirer. — Le comte pensa mourir de chagrin et d'effroi.

— Qu'avez-vous, chère Polly? demanda-t-il en s'approchant d'elle comme la mère de son fils dans le petit poëme d'André Chénier qui est intitulé *le Jeune Malade*.

Elle ne répondit pas.

— Vous soupirez! reprit-il. Désirez-vous donc quelque chose?

— Oui, répondit-elle avec une voix de bengali.

— Qu'est-ce donc?

— Une maison de campagne.

Le comte frémit. — Une maison de campagne! — Notre civilisation moderne a bien des perfectionnements. Elle sait tout improviser, comme les enchanteurs le font dans une féerie : un costume, un bouquet, un voyage, une fête, un tableau, un livre, tout ce qu'on peut imaginer. Mais le bon vouloir de sa docilité s'arrête à la maison de campagne. Quand donc pourra-t-on entrer chez un fournisseur et dire :

— Monsieur, je veux une maison de campagne pour dans dix minutes. Qu'on me la bâtisse tout de suite.

— Ah! s'il s'agissait simplement d'un château, se disait le comte hongrois, j'en aurais trois de rechange à offrir à Polly, tous les trois sur les bords de la Theiss, avec des ceintures de chênes verts et de mélèzes. Mais une maison de campagne, il faut d'abord la concevoir, et puis chercher où la poser, et puis la bâtir, et puis la meubler, et puis en faire sécher les plâtres. Est-ce que ce n'est pas la mer à boire ?

Néanmoins le magnat prit la main blanche de Polly dans sa main et lui dit :

— Vous aurez la maison de campagne.

Pourquoi cette fantaisie était-elle venue à la mutine comédienne ?

Eh, mon Dieu ! lecteurs, c'est que c'est dans les mœurs du théâtre en 1880. Aujourd'hui il n'y a rien de si berger qu'un acteur ni de si pastorale qu'une actrice. Si l'amour des bucoliques s'était retiré du monde, on le retrouverait dans le cœur d'un comédien.

De notre temps, Tityre est ténor et Galatée est soprano.

Les bourgeois du Marais, dont la tendresse pour le déjeuner sur l'herbe est proverbiale, s'imaginent qu'ils sont les seuls à aimer les champs et la salade. Ils ignorent que derrière les coulisses, monde fantastique dont la rampe ne s'allume que quand le soleil se couche, il y a une population de pasteurs et de sylvains qui soupire après les joies du chalet et les innocences de la prairie.

Que diraient-ils donc s'ils voyaient face à face,

comme je l'ai vu, le vieil Arnal en chapeau de paille et Bressant occupé à arroser des fraises ? Que penseront les belles dames de la ville si on leur dit que Capoul, le ténor vert-vert, Capoul, a la passion des abricots ? L'enthousiasme d'Hortense Schneider pour les groseilles est un fait connu de toute l'Europe.

Pour en revenir à la maison de campagne pour actrices, elle n'a jamais tant fleuri qu'à l'heure où nous sommes. On me dira que la tradition remonte à mademoiselle Mars, qui s'était bâti un vide-bouteilles à Sceaux. En réalité, cela vient, je crois des deux sœurs Augustine et Madeleine Brohan, qui avaient et qui ont encore d'adorables pied-à-terre à Ville-d'Avray. — Madame Rosine Stolz s'était fait faire un temple dans le bois du Vésinet. — On en citerait vingt autres si l'on voulait.

Pour le quart d'heure, mademoiselle Antonine, du Gymnase, se fait faire un *Retiro* à Auteuil, tout près de deux autres bâtisses, dont l'une pour M. Victorien Sardou et l'autre pour feu Ponson du Terrail.

— Où placer la maison de campagne de Polly ? se demandait le comte hongrois en se grattant la tête d'un air de savant qui chercherait la quadrature du cercle.

Il rêvait à son tour, il cherchait, il s'ingéniait, il remuait toutes les fibres de sa mémoire, il se creusait le cerveau jusqu'au tuf.

— Que ne peut-on transporter, à l'aide d'un coup

de baguette la vallée de Chiraz aux environs de Paris ! Comme j'y appellerais bien, avec des brouettes, un adorable paysage de Poulo-Pinang, l'île des merveilles, ou bien encore un pan de vallée de Chamouni !

Polly, interrogée, dit qu'il fallait que la maison ne fût pas mal assise.

— Ni le creux d'une vallée, ni la croupe d'un monticule, ni trop près d'un cours d'eau, ni trop éloignée de la fraîcheur, ni trop brûlée du soleil, ni trop enfoncée sous les arbres, ni trop près ni trop loin de Paris, ni toute en pierres de taille, ni toute en briques, ni trop grande, ni trop petite, ni grecque ni gothique, ni blanche, ni rouge, ni bleue, ni noire.

C'est pourquoi on la construisit au Pecq, à trois portées de fusil de la belle forêt de Saint-Germain-en-Laye.

On peut dire qu'il a fallu multiplier les efforts de la main d'œuvre. Il y avait des terrassements sans nombre, un rocher à fendre, une source de cristal à amener, des arbres à planter, un petit parc à dessiner, un jardinier à louer ; mais, au bout de tout cela, c'était une des plus belles et des plus riantes maisons de campagne des environs de Paris, où il y en a un si grand nombre.

Quand on apporta la carte au magnat, il fit le total et vit trois cent cinquante mille francs.

Il paya comptant, — sans broncher.

Le lendemain, il venait en calèche avec Polly

pour voir la maison de campagne et l'étrenner comme on dit.

— Ah! bien, non, dit l'actrice, la façade incline un peu trop vers le midi; je veux qu'elle se dirige un peu plus vers le nord.

On vient de démolir la villa et l'on est en train de la rebâtir.

— Ah! Polly, que de caprices vous avez! dit le comte.

Et c'est justement pour cela qu'il raffole de la petite personne.

Finissons par un mot du vieux prince de Kaunitz, ce beau-frère du premier Metternich, fidèle habitué de l'orchestre à tous nos théâtres et qui a été, durant vingt-cinq ans, un joyeux exilé d'Autriche à Paris :

« — Une actrice qui ne ruinerait pas ses amants? » Ah! monsieur, ce serait un monstre! »

VII

LE BAL DE SON EXCELLENCE

———

EN France, depuis les temps les plus reculés jusqu'à nos jours, si l'on veut bien gouverner les hommes, il faut les faire danser. Quand on consulte notre histoire, on voit que les règnes les plus brillants sont ceux qui ont donné le plus de bals. François Ier doit une grosse part de son auréole à ses soirées dansantes de Fontainebleau. Se figure-t-on le pouvoir absolu de Louis XIV autrement que tempéré par les violons de Lulli ? Louis XV a retardé de vingt-cinq ans l'échéance de la Révolution française parce qu'il cultivait fortement la gavotte, tantôt à Versailles, tantôt à Trianon. Quand Napoléon Ier avait à demeurer seulement trois mois à Paris sans faire la guerre, ce qui était rare, il disait à Junot : « Puisque nous ne les faisons pas battre, faisons-les danser. » Il était très logiquement sous-entendu que, sans cet expédient, la solidité du trône était compromise. Lisez les *Mémoires de madame la duchesse d'Abrantès* : la chose y est consignée tout au long.

Au reste, l'auteur du présent livre a déjà traité cette question dans un autre volume, intitulé : *Petites Comédies de Boudoir*, que nous vous invitons à consulter. Allez tout droit au chapitre : *Il faut faire danser la France*. Tous les contemporains vous déclareront que c'est un chef-d'œuvre.

Pour en revenir au sujet qui nous occupe, répétons-le : dans notre pays il n'y a rien de possible sans la danse. Monarchie de droit divin, royauté constitutionnelle, empire, république, aucune forme de gouvernement ne saurait se passer un mois de cette annexe à l'art de gouverner. Depuis la guerre de 1870, Paris a tout souffert ; Paris a subi l'invasion étrangère ; il a eu la guerre civile ; il a passé par la famine, par l'incendie. La cruauté du sort ne l'a exempté d'aucun genre de honte et de tristesse. A quoi revient-il aussitôt qu'il se révèle un peu de sérénité dans l'azur de son ciel ? A la danse. D'austères démocrates, allaités par la doctrine des stoïciens, avaient pensé que, décréter des soirées dansantes après tant d'épreuves si sérieuses, ce serait promulguer une insulte à la dignité humaine et au bon sens des masses. Ah ! la clameur publique les a bien vite détrompés ! Tout le commerce de Paris s'est levé en masse, en leur criant, à l'entrée du premier hiver : « Comment ! voilà décembre qui arrive et nous n'avons pas encore de grands bals ! A quoi songez-vous donc, citoyens ? Est-ce qu'il vous tarde de retomber à terre ou de retourner en exil ? » Rendons aux zélateurs de la troisième République cette justice qu'ils n'ont pas fait la sourde oreille. Tous, à l'envi, blancs, bleus, rouges, à mesure que le caprice du jeu politique les ramenait au pouvoir, ils s'efforçaient de faire danser. Que de bals ! Bals au Shah de Perse, bals au Lord maire de Londres, bals sur bals pendant l'Exposition universelle de 1878, bals à l'Elysée et à tous les ministères ! La République est un gouvernement chorégraphique et social. S'il y a des détracteurs, il est facile de leur répondre en tirant de l'étui le mot de Mirabeau : « Un peuple n'a jamais que le gouvernement qu'il mérite. »

Ainsi donc à Paris, la belle chose qu'un bal donné par un ministre !

Voilà la grande affaire du jour ; non, je me trompe, la seule affaire. N'en cherchez pas d'autre ; vous ne réussiriez guère à en trouver ni à la ville ni à la cour, ni au théâtre, ni dans la politique, ni à la Bourse, ni dans le recoin le plus agité de la mappemonde. Depuis quinze jours, Paris en a la tête tournée. Un bal paré et masqué, donné un beau soir d'hiver dans un palais, par Son Excellence le ministre de ***, aux diplomates, aux grands dignitaires, aux gros millionnaires, à l'élite des élégants, à l'élixir des oisifs, à la crème des danseurs et des danseuses ! On en parle un peu partout en Europe. Les papiers belges consacrent tous les jours un alinéa à un si notable événement. On attend la distribution des cartes d'entrée à peu près comme jadis à la veille du 15 août, on le faisait pour une promotion de croix d'honneur.

Évidemment ce sera un grand jour, que cette nuit lumineuse; ce sera l'Orient transporté pour quelques heures en Occident. Un des plus beaux hôtels connus; la Seine tout près de là comme un miroir ; des torchères partout, des gardes à cheval, et sous le péristyle, des heiduques en costume de gala et en gants blancs pour recevoir les invités à la descente des voitures. Tout le long des escaliers, garnis des chefs-d'œuvre de la Savonnerie, des arbres verts et des caisses de fleurs : les mimosas des tropiques et les plus belles roses du Pausilippe. Telle est la préface. Quand on entrera dans les salons, ce sera une féerie. Si vous n'avez pas à la main la plume de colibri avec laquelle Byron a écrit *Don Juan*, n'essayez pas de donner une idée de ce kaléidoscope; fussiez-vous Paul de Saint-Victor pilé dans un mortier avec Théophile Gautier et renaissant sous la figure d'un coloriste effréné, vous ne feriez encore qu'une page grise, et ce n'est pas cela qu'il nous faut.

Des diamants de quoi faire un pendant à cette traînée d'étoiles que les astronomes nomment la Voie Lactée, des kilomètres de gaze, de soie, de brocart, de velours, de rubans, d'or lamé ; des chaussures ailes de mouche, des éventails dessinés et peints par nos jeunes maîtres Français et Gérôme; de la musique, des masques, et des parfums, des déguisements emblématiques, un roman d'amour par-ci, une intrigue diplomatique par-là, des buffets, le secret qu'on se dit à l'oreille, le mariage projeté, l'enlèvement manqué, une scène de jalousie, une scène de triomphe, un rendez-vous donné, une rupture commencée, toute la *Comédie humaine* de Balzac dans un espace de quatre cents pas, tout le Paris de Gavarni se trémoussant d'aise, de passion et de plaisir à la lueur dorée des bougies, dites-moi donc si un tel spectacle ne vaut pas mieux que la question de Serbie ?

Sans doute cette ivresse ne fait pas tout à fait le compte des philosophes et des Catons. La race d'Alceste ne veut point qu'on s'amuse. Et que voulez-vous que Paris fasse de mieux en ce moment, je vous le demande ? Danser, rire, narguer la mauvaise saison, tromper le temps, c'est encore, tout bien compté, la meilleure façon de faire de la philosophie pratique. Ajoutez que ces grands essors du plaisir ne sont pas sans profit pour le pauvre petit monde d'en bas qui vit du travail. Si vous êtes fort sur l'arithmétique, supputez l'or que font ruisseler dans nos rues, du pavé jusqu'à la mansarde, toutes ces joies du beau monde. Quatre de nos faubourgs sont des ruches d'abeilles ; ils ont fait pour ce bal des gants, des guirlandes, tous ces bijoux, tous ces pompons, tout ce luxe. Il a fallu mettre en mouvement pour embellir tant de jolies femmes une armée entière d'aiguilles. Donnant, donnant. Ces parures livrées, l'abondance est arrivée chez le pauvre. Ah ! si la bourse des grands ne s'ouvrait jamais que pour de pareilles fantaisies, comme elle serait vite amnistiée !

Ce qui préoccupe le plus Paris dans ce bal paré que va donner Son Excellence, c'est le costume qui a un sens, l'emblème vivant. Rien que pour ce fait, nos chroniqueurs sont debout; les fureteurs de salon essuient le verre de leur pince-nez. Est-ce qu'on va voir comme dans les fêtes d'il y a quinze ans la belle madame de X*** en Feu, la blonde madame Z*** en Clair-de-Lune, le gros M. W*** en Torrent ? Jugez du butin pour les Bachaumonts du jour ! Cinq cents masques du meilleur monde, avec des attributs divers et une physionomie à part ! Et les madrigaux en prose, récités pendant le quadrille ou le cotillon en guise de compliments.

— Ah ! madame, quels grands yeux noirs ! on les prendrait pour des étoiles.

— Ah ! madame, quels petits pieds ! S'ils ne touchaient pas à terre, je croirais que ce sont vos mains !

Ce bal n'est que promis; on l'indique par des calculs d'estime pour tel ou tel soir ; on l'attend avec impatience comme s'il s'agissait de la première représentation de quelque drame en vers d'un grand poëte, et les quinze cents plus jolies femmes de Paris vous disent avec un petit air de tigresse amoureuse :

— Monsieur, si vous ne m'avez pas une invitation, je ne vous reverrai de ma vie !

Une question morale pour finir là-dessus.

Comment se comporte l'Amour dans ces fêtes ?

Un jour, Henri IV regardait Paris du haut de la terrasse de Saint-Germain-en-Laye.

— Quel nid de cocus! dit le roi.

— Sire, j'aperçois le Louvre, répondit le fou qui ne le quittait pas.

Et à ces bals officiels :

— Combien y a-t-il là-dedans de femmes qui trompent leurs maris?

— Pardieu ! autant qu'il y a de maris qui se moquent de leurs femmes !

VIII

DIAMANTS & CACHEMIRES

CONSIDÉRATIONS PHILOSOPHIQUES SUR LA FOURBERIE
DES PARISIENNES

H***, à propos d'un récent retour d'Égypte, a donné un fort joli déjeuner de garçons.

Au dessert les convives, échauffés par le champagne, ont raconté plusieurs aventures galantes.

— Écoutez celle-ci, a dit le docteur C***, un médecin qui connaît tous les secrets de Paris.

— Écoutons, messieurs.

— Un matin, la petite comtesse de *** entre dans le cabinet de son noble mari, un fort diplomate. Elle tenait à la main un écrin du prix de dix mille francs, que lui avait confié, la veille, M. de

S***, son jeune cousin, homme très riche et très généreux, pour lequel madame la comtesse a une estime toute particulière.

— Mon ami, dit-elle à son bénévole époux, voici des diamants qu'on offre de céder à un tiers de perte. Voulez-vous m'en faire cadeau ?

Mal disposé à cause de la gravité des événements politiques, le mari se met à parler raison.

— Plus tard ! plus tard ! dit-il, nous verrons ça plus tard !

— Soit, plus tard !

Madame de *** cède en faisant une petite moue et s'en va.

Quelques jours après, la comtesse de***, de plus en plus minaudière, revient à la charge.

— Mon ami, l'écrin que je vous ai montré vient d'être mis en loterie. Ne prendrez-vous pas quelques billets ? ils ne sont qu'à cinquante francs !

Pour se délivrer d'une obsession si opiniâtre, le diplomate en prend dix qu'il paye à sa belle moitié.

Une semaine s'écoule.

— On vient de tirer la loterie, dit alors la dame toujours avec des airs de chatte. Mon cher comte, il faut que je vous félicite de votre bonne chance : c'est un de vos dix billets qui a gagné.

— Bien vrai ?

— Ce qu'il y a de plus vrai.

Vous avez deviné, messieurs, que tout cela était

habilement agencé pour masquer le galant cadeau du jeune cousin.

Sans doute cette petite jonglerie conjugale avait singulièrement diverti l'assemblée.

Néanmoins quelqu'un fit la remarque maligne que M. K***, mari d'une jeune et jolie femme, ne prenait pas une part fort active à la commune hilarité.

— Pourquoi donc ça?

On prie M. K*** de s'expliquer.

— C'est, répondit-il à demi-voix, que ma femme a gagné à une loterie particulière un fort beau cachemire de l'Inde que j'ai eu l'ânerie de lui refuser.

Ah ! les Parisiennes !

Et Léon Gozlan qui disait :

— « Si la Parisienne n'existait pas, il n'y a que Dieu qui pourrait l'inventer. »

Dieu ou le diable, on ne sait pas au juste.

IX

L'AMOUR VU EN NOIR

PETITES SCÈNES DE LA VIE PARISIENNE

───────

Il était un peu plus de midi et demi, — le jour du Mardi-Gras.

Tout le ciel de Paris paraissait être tendu de papier gris. — Un air mouillé remuait la tête de deux maigres sapins du Nord, plantés dans le jardin d'en face, sous mes fenêtres. — De temps en temps, de vieilles corneilles, qui descendaient de Montmartre, faisaient claquer leurs becs sonores. — Je suis sûr que, dans ce moment-là, Méry s'éveillant, toujours frileux, criait à son domestique : — *Joseph, jetez trois bûches de plus au feu.* — Cependant, sur le coup de midi trente-cinq minutes, le soleil brillait sous la voûte céleste pareil à un rubis énorme. On voyait la ville se dégager peu à peu du brouillard qui l'enveloppait comme une chappe de plomb.

— Ce sera tout de même une belle journée, — dit la voix d'un voisin qui interrogeait son baromètre.

De cent pas en cent pas, dans la rue, les polissons s'enrouaient à souffler dans ces insipides trompes de terre cuite auxquelles on a donné le nom de cornets à bouquins.

Un moment, j'ouvris ma croisée, — comme tout le monde.

Sur la chaussée, une marchande des quatre saisons poussait sa voiture à bras, pleine de pommes à pelure jaune. — A un certain moment, une commère, coiffée en marmotte, passait, avec un aulne de boudin noir à la main. Il en résultait bien vite un colloque.

— M'achetez-vous des reinettes aujourd'hui, madame Chalumet ?

— Non, que je sache. Des reinettes un Mardi Gras ! Nous avons un gâteau d'amandes.

— Au fait, c'est juste, reprenait la marchande d'un ton moitié triste, moitié moqueur; — un gâteau d'amandes, on n'a plus que cela à la bouche. Quel temps ! Je parie qu'ils nourrissent le Bœuf gras avec du nougat de Provence. Eh bien, c'est égal, voilà un joli Carnaval de deux sous ! Croiriez-vous que je n'ai pas eu la chance d'apercevoir un seul chienlit depuis sept heures du matin que je suis sur mes pauvres jambes ?

Machinalement, en vertu de ce procédé que les métaphysiciens appellent l'association des idées, je suivais le raisonnement de la marchande de pommes. Cela me faisait rebrousser chemin vers le passé. Je me rappelais le temps, d'il y a dix-sept ans, où j'habitais encore le Pays-Latin. On disait déjà alors : — *Le Carnaval s'en va !* — Que de diableries, pourtant ! A l'angle de chaque carrefour, une charretée de masques. Les duchesses elles-mêmes ne craignaient pas de laisser chiffonner leur visage pâle par le vent aigre de février ou par le grésil, et, pendant un jour, elles couraient la prétantaine dans leurs calèches. Le peuple était typique. Tous les faubourgs s'enfarinaient; Pierrot se trouvait ainsi tiré à plus de cent mille exemplaires. On a changé ces mœurs. Ne faisons pas d'élégie là-dessus. Si le temps devenait immobile, si rien ne muait, le passé cesserait d'être le passé. Pierrot est aussi rare dans les rues que le bluet dans les blés. Tout le monde porte un habit noir taillé sur le patron de celui de tout le monde. Nous avons l'air d'être une nation de notaires. Qui s'en plaint? Nous nous trouvons charmants comme cela.

Pour couper court à tant de philosophie, je refermai vite ma croisée. J'étais revenu à mon fauteuil, devant mon bureau, tout chargé de vieilles paperasses et de livres nouveaux. Au même instant, on grattait à la porte.

— Qui va là ?

— Un ami.
— Entrez.
C'était Tim.

Tim est, en effet, un de mes amis, un des plus anciens, le meilleur sans doute. Vous le connaissez, non sous ce nom, mais sous un autre, que je n'ai pas le droit de mêler à ce récit. Tim, mon ami, est ce peintre de genre qui a rempli Paris de petites pages. Voilà trente ans qu'il travaille, sans relâche, du matin au soir, dans d'obscures et froides mansardes qui ne connaissent le soleil que de réputation. Il est né dans la crèche de la misère. Il a été allaité par la pauvreté. Il a passé sa jeunesse à avoir faim.
— La faim, la pauvreté, la misère, ce sont trois choses terribles, quelquefois belles à voir en face, mais qui, le plus souvent, ont, pour un homme de valeur, quelque chose de ridicule. Pour les combattre toutes les trois, corps à corps, dans l'ombre, comme cette héroïne Grecque qui a soutenu un duel contre la Mort, Tim a dû dépenser plus d'énergie et de force morale qu'Annibal n'en a déployé, un jour, lorsqu'il a voulu dissoudre les Alpes avec du vinaigre. Lui qui était né avec l'instinct des grandes choses, il s'est condamné, pour vivre, à asservir longtemps sa pensée et ses dix doigts à faire de l'imagerie vulgaire. Il a fait des *Crédit est mort*, il a esquissé des *Quatre fils Aymon*, il a dessiné des scènes d'histoire populaire ayant pour but de décrasser l'intelligence obtuse des masses. On lui a

demandé des gravures pour les abominables livres, si riches de forme, qu'il est de mode aujourd'hui de placer entre les mains des enfants; il a *illustré* alors avec une patience, digne de cent prix Montyon, l'œuvre des successeurs imbéciles de M. Berquin, de Bordeaux, cet homme vertueux, qui écrivait avec de l'anisette de son pays en guise d'encre. Petites choses, efforts de Lilliputien, mais c'était le pain de chaque jour. A la longue, après vingt chefs-d'œuvre ignorés, on s'est avisé de dire un matin : — *Mais il y a du talent dans ce garçon-là*. — Dès ce moment, les millionnaires se sont disputé les dessins de Tim. Les femmes du monde, qui ont parfois quelque délicatesse dans l'esprit, se sont mises à fixer ses aquarelles à un clou sur la tenture de leurs boudoirs. Tim a senti remuer en lui ce mouvement étrange qui dit que le succès va venir.

Cette autre chose à laquelle on ne veut plus, ou plutôt à laquelle on ne sait plus croire, « la gloire » a, dit-on, des ailes : il faut avoir le jarret nerveux et les jambes agiles pour l'atteindre; Tim l'a arrêtée, l'autre soir, au passage, et nous croyions tous qu'il serait de force à la retenir; — mais l'aventure que je raconte, fera comprendre que ceux qui l'aiment n'ont plus à attiser aucune espérance à cet égard.

Il s'était laissé tomber sur un siège.

— Vous savez, dit-il, que je n'ai jamais aimé les fêtes publiques. Cette foule endimanchée, qui ramasse sa joie et sa bêtise de toute la semaine pour les résumer en un seul jour de promenade, voilà un spectacle auquel je ne puis me faire. Dans de tels moments, ou je travaille, ou je me sauve à travers les bois. Les bois ne sont pas verts dans cette saison ; le travail n'a plus pour moi les mêmes âpres jouissances ; c'est pourquoi je viens me chauffer au foyer d'un ami.

Frappé du ton étrange qui avait vibré dans ces dernières paroles, je le regardai.

— Tim, mon ami, il se passe en vous quelque chose d'insolite. Mauvaise figure, ajoutai-je, visage d'homme qui a passé une nuit blanche. Qu'y a-t-il donc au fond de ce que vous venez de me dire, cher ami ?

— Allons, reprit-il, je ne veux pas vous cacher cela plus longtemps. Aussi bien comme ce drame doit m'emporter un jour ou l'autre, vous apprendriez toujours la chose terrible dont il est question.

En peu de mots très émus et très nets, Tim me raconta alors un roman d'amour. Il y a un an et demi, un peu plus, un peu moins, il ne précise pas, il a rencontré on ne sait où, au théâtre, sous les marronniers des Tuileries, dans le monde ou ailleurs, une femme qui n'est ni belle, ni très spirituelle, ni riche, mais d'un ton souverainement aristocratique. Est-ce pour cela qu'il s'en est si vivement épris ? A première vue, elle a exercé sur lui un

ascendant bizarre. Pour toute chose, il est une volonté opiniâtre, une barre de fer; — eh bien, cette femme a tordu entre ses mains et courbé, selon son caprice, cet esprit si inflexible, comme un sculpteur fait pour la glaise. Il n'a plus songé à ses trente ans de labeur, à ses œuvres éparses qu'il faudrait rassembler, à ses œuvres nouvelles qu'il s'agirait de faire : il n'a pensé qu'à elle. Chose à peine croyable, l'amour qu'il ressentait était si désintéressé qu'il était dégagé du contact des sens. Après un an, ils s'étaient à peine serré la main. Tout au plus Tim obtenait-il, à de longs intervalles, de glisser une lettre de quatre pages dans la main de celle qu'il aimait. Ce n'est qu'il y a trois mois, au commencement de l'hiver, qu'ils ont pu se dire, à demi-voix, en tremblant, le mot qui, depuis le premier homme et la première femme, anime, éclaire et console le monde. — « Soyez ma sœur, avait dit Tim : je vous écrirai
» naïvement comme si j'étais votre frère. Je vous
» dirai mes luttes, mes espérances, mes succès, ma
» pluie et mon soleil ; je vous raconterai notre vie
» de Bohême, qui est toujours attachante comme un
» chapitre de roman. Vous êtes étouffée par la prose
» et par le voisinage des sots : je vous initierai aux
» mystères d'Isis de la vie d'artiste, et vous n'en
» vieillirez que plus doucement. — Soit, avait ré-
» pondu la dame ; écrivez : j'aimerai toutes vos
» lettres. »

Tim a écrit. Les lettres ont été reçues, puis brû-

lées (on ne pouvait les garder). Un soir l'artiste allait faire une visite à la dame. Il lui portait une fleur rare, une campanule originaire de l'Océanie, qui ne vit que trois heures. Impossible de la lui donner ainsi qu'il l'entendait. La dame était surveillée comme si elle eût été une pomme d'or de la fable, gardée par des dragons. Il y avait d'abord autour d'elle un cordon d'imbéciles; il s'y trouvait aussi un poste de vieilles femmes bavardes. En regagnant son atelier, à minuit, Tim jeta au vent sa fleur vite fanée. Dans sa pensée, il attribuait à cette fleur une puissance magnétique. Acceptée, baignée dans une cruche de cristal, elle était d'un bon augure; flétrie, jetée dans la rue, elle annonçait des jours mauvais et même la fin de cet amour. Quand Tim revit la dame, elle lui tendit à peine la main :
— *Voilà l'influence de la fleur*, pensa-t-il. Une autre fois, elle lui répondit avec quelque hésitation.
— *Toujours la fleur fatale!* dit-il. — Au commencement du mois, il lui envoyait lettres sur lettres, en la suppliant de faire jeter un seul mot à la poste. Rien n'est venu. — *Cette fleur me fera mourir*, s'écria Tim.

Pour bien des gens, rien de tout cela n'est grave. On ne trouverait pas dans l'aventure de quoi fouetter un chat. Nous ne sommes plus d'humeur à faire tourner au mélodrame des incidents de très petite taille. Pour Tim, ce sont les petites choses qui sont les grandes, les choses du cœur et de l'esprit surtout.

Hélas! c'est un fils de Werther, un héritier de ceux qui s'en vont de la vie pour une dissonance de l'amour ou pour une méprise du sentiment.

— Lorsque je me suis mis à aimer cette femme, a-t-il ajouté, j'en ai fait une affaire sérieuse ; je n'entendais pas que ce fût une ride sur l'eau, un nuage qui passe, un mot en l'air. Mon rêve rompu, je ne consentirai plus à vivre.

— Il y a encore du remède. Attendez tout du temps ; Balzac l'appelle un grand guérisseur.

— Je ne veux pas guérir.

— Tim, vous êtes un fou.

— On n'a pas le choix d'être fou et de ne pas l'être. Je suis un fou! C'est comme si vous me disiez : « Vous êtes blond ou brun ! »

Pour le distraire, je lui montrai un vieux dessin qu'on attribue à Albert Durer, et qui est empreint d'un sens philosophique très profond. Il représente un vieux loup et une jeune colombe. C'est une légende des bois de la Hongrie. — Ce vieux loup a rencontré la colombe et l'a aimée. — « Parle,
» lui dit-il, et je te donnerai tout ce que tu me de-
» manderas. — Non, vous ne consentiriez jamais.
» — Dis toujours. — Eh bien, messire loup, à la
» nuit tombante vos yeux s'allument dans l'ombre
» comme deux charbons ardents et m'épouvantent.
» Laissez-moi les éteindre, laissez-moi les crever, si
» vous voulez que je vous aime. — Fais ce que tu
» voudras. » — L'oiseau s'approche, et en se jouant,

il crève, de son bec rose, l'œil terrible fauve. — A mon gré, cela n'est pas moins saisissant que la fable de La Fontaine, qui nous fait voir une princesse sciant les dents et limant les ongles d'un lion ; c'est même, à tout prendre, bien plus dramatique.

J'ai dit à Tim : « — Voyons, mon peintre, faites-nous non une copie, mais un pendant à cet Albert Durer ; un loup et une colombe de 1880. Ce sont des figures actuelles, des silhouettes de Carnaval ».

Dans le premier moment, l'idée a paru lui sourire. Il a jeté sur une feuille de vélin, en cinq minutes, la figure burlesque et farouche d'un loup-cervier, et, en regard, le bec d'une marquise de la fourchette. Encore trois coups de crayon, et c'était une œuvre à mettre à côté des fantaisies de Grandville. Mais tout à coup, j'ai vu la main de l'artiste dévier. Sans le vouloir, sans le savoir, peut-être, il commençait, de mémoire, un portrait de femme.
— Un front vaste, de longs cheveux, des yeux fendus en amande.

— Tim ! Allez-vous donc revenir sans cesse à votre chimère ?

— Ovide ne pouvait écrire un mot sans faire un vers ; pour moi, je ne puis rien crayonner sans improviser cette figure.

— En ce cas, cherchons un autre dérivatif.

Dans la grande pièce carrée où je travaille, il y a, entre des rayons de bibliothèque, un vieux piano à cylindre, acajou endormi et inutile dont personne ne remue plus depuis longtemps les touches d'ivoire. Pour dépayser l'ennui du pauvre Tim, je lui montre du doigt le vieil instrument.

— Allons, lui dis-je, asseyez-vous sur ce tabouret en maroquin vert et jouez-moi quelque chose, un motif ou un air qui soit approprié au jour où nous sommes. Les cantilènes du Carnaval sont nombreuses.

Il a l'air d'obéir, il s'assied ; il prélude par des andante de Rossini ; c'est vif, c'est emporté, c'est entraînant, c'est presque gai. Mais, au bout d'une minute, la note s'alanguit peu à peu. Les dix doigts du rêveur ne retombent plus qu'avec une douloureuse lenteur sur le clavier. Il arrive bientôt à jouer l'air de cette romance d'une *Folle par amour* dont madame Albert (de l'ancien Vaudeville) tirait, il y a trente années, un effet si déchirant : *Tra la, la, la, la, la, quel est donc cet air?* En même temps, sa tête amaigrie et pâle se réfléchit dans une glace placée par là. Deux larmes se suspendent à ses yeux déjà brûlés par l'insomnie.

— Mon Dieu ! dis-je, le remède est pire que le mal ! Assez de musique. D'ordinaire, la musique console ou guérit. Pour vous, Tim, elle élargirait encore les lèvres de la blessure. Pas une note de plus. Si vous voulez m'en croire, sortons. Il fait maintenant un doux soleil ; le vent est tiède. Allons faire un tour au dehors.

Par bonheur, j'habite un quartier retiré, à cent pas du bois de Boulogne.

Ce bois, dont on essaie de faire un parc anglais, a, quoi qu'on fasse, conservé une grande dose de gaîté française. Les petits marchands y viennent faire leurs repas de noces. Été comme hiver, deux ou trois cabarets y chantent du matin au soir. Des tronçons d'une cantate bachique arrivaient en ce moment jusqu'à nos oreilles. Tim tentait d'écarter de la main ces bouffées d'une joie bruyante.

— Tout bruit m'importune, disait-il; voulez-que nous nous enfoncions sous les arbres?

Au détour d'un sentier, je le vis s'arrêter devant un tremble dont l'écorce était hachée de petites déchirures. C'étaient des noms tracés avec la lame d'un couteau. Les Parisiens écrivent partout, sur tout. Ils dégradent les murs, ils écorchent les arbres, ils entament la colonne des cimetières, avec de la craie, avec un canif, avec un clou. Sur le tremble en question serpentait une double légende, partagée par un cœur percé de flèches : *J'aimerai Emma toute la vie.* — Jules. — *J'aime Jules pour toujours.* — Emma. — 1847.

— Voilà en raccourci, s'écriait Tim, l'épisode des amours d'Angélique et de Médor dans le poème de l'Arioste. Trente-trois ans ont passé sur le monde depuis que cet engagement a été pris. L'arbre a grandi, l'écorce s'est allongée, les lettres se sont accrues. Pour ce qui est de la promesse, il est certain qu'elle s'est évanouie à tous les vents du hasard. Eh bien, je mettrais ma main au feu que c'est par le fait de la femme ?

Et frappant la terre du bout de sa canne :

— Voyez-vous ce brin de folle avoine qui s'agite dans une incessante mobilité? La tête des femmes est plus changeante encore.

— Tim, ce sera donc toujours la même chanson?

— Toujours.

Il venait à nous une cavalcade d'ânes : — des garçons de boutique à la joue vermillonnée, des grisettes qui mangeaient des gaufres. Comme c'est d'usage dans le bois, les cavaliers portaient les chapeaux blancs et roses des femmes, noués sur le cou par de longues brides de rubans ; les femmes avaient les chapeaux des hommes. Il y en avait une, la plus jolie, qui fumait un cigare. — Un des cavaliers gourmandait toute la bande : — *Allons plus vite, la dinde rôtie sera trop rissolée.* — *Ah! ce n'est pas la dinde qui m'inquiète,* disait l'écuyère au cigare; *ce sont les marrons.* — *Au fait, c'est vrai, pas de bal sans violon, pas de dinde rôtie sans marrons bien cuits.*

A dix pas s'avançaient deux autres ânes, mais dont la selle était vide. Un jeune homme et une jeune femme en costume de mariés paraissaient les suivre. Le vent nous apportait par lambeaux ce qu'ils se disaient à demi-voix.

— Notre premier enfant sera un garçon, j'en suis sûre.

— Nous l'appellerons Paul, alors.

— Non, je n'aime pas ce nom-là.

— Henri ?

— Pas davantage. Henri, ça ne va qu'aux blonds. Il sera brun.

— Ernest?

— Pas Ernest, non plus. Tous les amoureux de vaudeville se nomment Ernest. J'aime mieux Jules.

— Va pour Jules. Nous en ferons un avocat.

— Par exemple ! Il en fourmille, des avocats. Vous frappez sur un pavé, c'est un avocat qui en sort. Et puis cette longue robe noire qu'ils se mettent, n'est-elle pas funèbre?

— Oui, mais ils gagnent tant d'argent!

— L'argent n'est pas tout.

— Si fait bien! Ajoute à cela qu'on les appelle maître à tout bout de champ : — maître Marie, maître Jules Favre, maître Berryer, maître Crémieux, maître Senard.

— Il ne sera pas avocat! reprit la jeune femme avec énergie. Je le prendrais d'avance en grippe, s'il devait porter un jour cette horrible robe noire et un bonnet carré. Nous en ferons un soldat, un officier de lanciers!

Ils en étaient là, quand un enfant en guenilles, accourant à toutes jambes, leur criait de loin : —

Arrivez donc vite, monsieur et madame! On n'attend plus que vous pour se mettre à table. Peut-être la dinde aux marrons sera-t-elle trop rissolée ?

Et ils disparurent sous les arbres, en chantonnant un air de romance à la mode.

J'espérais que la vue de ce petit bonheur bourgeois, limité à un garçon qui serait, probablement, selon le caprice de la courte-paille, ou avocat ou lancier, rendrait un peu de calme aux ardeurs fébriles de Tim. Il n'en devait rien être. En sortant du bois du côté de Passy, nous avions pris par la rue de Chaillot. Le jour baissait. A quelques pas de la petite église, sur le seuil d'une grande porte entrebâillée, deux femmes causaient. — *Ma chère belle, puisque vous ne me donnez pas cette soirée, n'oubliez pas que vous me devez celle de la Mi-carême.* — *C'est convenu,* répondait l'autre en montant en voiture.

Tim n'avait pas perdu de vue celle qui venait de prononcer ces dernières paroles.

— Ce n'est pas *Elle,* disait-il en tremblant, non, sans doute; mais il y a entre la voix de celle-ci et la sienne une singulière analogie.

— A la fin, cela devient intolérable, m'écriai-je. Quoi donc! il ne vous sera pas possible de rien voir, de rien entendre ni de rien faire sans que vous soyez sous le coup de la même obsession? Tim, laissez là cette folie!

4.

— Je ne sais qu'un moyen de m'en délivrer; mais soyez tranquille. Cela ne durera plus longtemps. Au premier moment, je me tirerai d'affaire.

Nous avancions.

Tous les lampadères de la place de la Concorde rayonnaient de flammes vives et bleuâtres.

Au confluent de la rue de Rivoli, au milieu d'un embarras de voitures F*** et G*** vinrent à nous.

— Ah! vous voilà, dirent-ils; comme cela se trouve! Nous vous cherchions.

Ils nous apprirent alors qu'on nous attendait dans une maison voisine, maison hospitalière par excellence, pépinière de cœurs amis. La nappe était mise; nous arrivions à temps.

Tim se fit d'abord un peu prier. Ce jour-là, une fête devait l'éblouir comme la vive lumière fait pour le chat-huant. Mais l'air du soir l'ayant, il faut le croire, rendu moins farouche, il entrait le premier.

Il n'y avait avec nous, à table, que deux femmes, la jolie Bretonne, que L*** M*** a si justement surnommée la Belle aux cheveux d'or, et une étrangère pâle et brune.

De temps en temps, Tim se penchait sur ma chaise.

— C'est encore la rencontre d'une incroyable bizarrerie, disait-il; — cette étrangère a exactement le même sourire que...

— Pour le coup, Tim, que le diable emporte vos ressemblances! dis-je. Vous en trouveriez même à Tombouctou, — si la République vous y enverrait.

Je l'avais sans doute trop brusqué. — Il ne dit plus rien d'une demi-heure.

Ce ne fut qu'au champagne qu'on le vit s'animer. Jugez de notre étonnement à tous! Jusqu'à cette heure, Tim avait professé le plus grand dédain pour ce breuvage presque pharmaceutique.

— *C'est une petite eau sucrée et pointue,* disait-il, *un vin de Circé qui change l'homme le plus spirituel en vaudevilliste.* Or, cette fois il tendait et vidait fréquemment son verre. Quand les femmes se furent retirées, Tim buvait encore.

Voyant, à un certain moment, qu'on ne faisait pas sauter assez vite le bouchon d'une bouteille coiffée de métal, il se levait, l'œil en feu, pour s'en emparer. En moins de temps qu'il n'en faut pour le dire, il cassait alors le flacon pour boire à la *régalade,* — comme les pâtres du Pays-Basque.

On se jeta sur lui afin de lui arracher la bouteille des mains.

— Mais, Tim, — lui dis-je, — ce que vous faites là ne serait pas de mise, même dans une tabagie flamande.

Il balbutiait, il ânonnait, il criait : — *Je brûle! je brûle!*

— Mettons-le sur ce divan de velours rouge,

entre deux coussins, — à la mode anglaise, — dit F***. Au bout de vingt minutes, il n'y paraîtra plus.

Pour nous, nous étions allés dans la pièce voisine, — autour d'une table de whist.

Les cinq minutes n'étaient pas écoulées qu'un domestique accourait, tout effaré.

Il parlait d'un grand malheur, fort inattendu ; — Tim, qu'on croyait endormi, venait d'être trouvé baigné dans son sang.

Personne n'avait vu qu'il fût resté armé du goulot de la bouteille cassée. — Le pauvre fou s'était arrangé pour le cacher sous la manche de son habit, comme les Italiens dissimulent un poignard. — Nous n'avions pas plutôt eu les talons tournés qu'il s'en servait pour se percer le cœur.

On examina la plaie ; — les chairs avaient été profondément pénétrées.

— Il a dû tourner et retourner cinq ou six fois le verre dans la plaie, — nous dit un médecin littéraire, — qui se trouvait là.

Les médecins littéraires ne guérissent rien, mais ils expliquent tout.

— Est-il donc déjà mort? — demanda une des deux femmes.

— Il n'a plus de souffle que pour une minute, — répondit le docteur.

En s'éteignant, — quand ses lèvres se remuaient dans un dernier murmure, — il m'avait désigné pour son légataire universel.

Un peu avant que la Justice ne vînt apposer les scellés sur ce qu'il laisse, je me transportais avec deux témoins dans sa cénobie d'artiste. — Par pitié pour la femme qui a causé cette mort, je voulais faire disparaître jusqu'aux souvenirs insignifiants d'un amour si funeste. — Trois portraits inachevés de la même tête se trouvaient sur la table de travail; je les ai emportés, — pour les brûler. — Sur une étagère, dans un petit vase en porcelaine de Chine, il y avait aussi un bouquet de roses jaunes fanées. — Ces fleurs lui avaient-elles été données par celle qu'il a aimée, ou bien lui étaient-elles destinées? — Je ne sais, — et nul ne le saura jamais.

En tout cas, j'ai cru bien faire en faisant coudre ces roses au suaire qui a enveloppé le corps de Tim.

On l'a enterré le Mercredi des Cendres, dans la soirée, au cimetière Montmartre.

Vous qui passez, priez pour lui.

A six mois de là, le hasard m'avait poussé, un soir, chez le docteur T***, un médecin qui traite ses malades par la musique. On buvait du thé; on jouait des sonates sur le piano. Imaginez un salon où hommes et femmes causent en riant, par petits groupes. A peine entré, je vis que j'étais assis tout près d'une belle brune qui jouait avec les lames d'un éventail japonais.

Je ne mis pas grand temps à reconnaître celle dont le défunt avait si souvent crayonné la figure, sous mes yeux.

— Et le pauvre Tim? lui dis-je à demi-voix.

Un peu surprise, effarouchée même, elle me regarda, un moment, en donnant une certaine fixité à ses grands yeux de diamant. Ce nom, que je venais d'évoquer devant elle, lui produisait quelque chose comme l'effet d'un exorcisme.

— Tim! dit-elle d'une voix un peu tremblante. Un fier original! Ne me parlez jamais, je vous prie, de ce cerveau brûlé. Il voyait l'amour en noir tandis que j'ai l'habitude, moi, de le voir en rose. Nous n'aurions pas pu nous entendre bien longtemps.

Presque au même instant faisait son entrée dans le petit salon du docteur T*** un bellâtre de la finance, blond, rose, cravaté suivant les règles et qui souriait d'aise en se mirant dans les glaces.

— Ah! voilà M. Sigismond Bézuchet, notre amusant ténor, dit-elle.

Et elle courut comme un faon au-devant du nouveau venu afin de lui demander de chanter l'*Amant d'Amanda*.

Pauvre Tim!

X

L'OFFICIER

L'ACTRICE & LE CHEMISIER

Il y a de cela un certain nombre d'années, mais le temps ne fait rien à l'affaire. Ce qui importe, c'est de dire comment cela avait commencé. Sophie disait à Horace : « Je vous aimerai toute la vie. » Horace disait à Sophie : « Ne te gêne pas ; dépense tout ce qu'il te plaira. Je paierai toutes tes fantaisies. » — Série de gasconnades, traversées, hélas ! par la mort.

Horace de C*** était un jeune marquis. Lieutenant de cavalerie, il tenait garnison à Verdun et il remarquait sur le théâtre une jeune actrice, mademoiselle Sophie, qui se faisait distinguer par ses grâces et par sa beauté. Une liaison très intime s'établit bientôt entre la jeune première du théâtre de Verdun et l'officier de carabiniers, qu'elle suivit à Paris. Là, rien ne fut refusé à la belle Sophie pour briller sur le nouveau théâtre où elle était appelée à vivre. Plusieurs fois, M. le marquis de C... se présenta au magasin de la *Petite Jeannette*, conduisant à son bras la jeune femme, qui venait y choisir les étoffes les plus fraîches et les plus nouvelles; c'était chez M. le marquis de C... qu'étaient apportés les objets choisis par la jeune dame qu'il accompagnait; c'était lui qui payait les mémoires; tout enfin devait faire supposer que c'était avec M. le marquis qu'on traitait, et qu'on pouvait compter que tout ce qui serait demandé serait acquitté par lui.

Les choses en étaient là, lorsque M. le marquis de C... dut rejoindre son régiment qui changeait de garnison. Il se rendit à sa nouvelle résidence, suivi de mademoiselle Sophie. Quelques jours s'étaient à peine écoulés depuis son départ, lorsque M. Lami-Housset le chemisier, le patron de la *Petite Jeannette*, reçut de Limoges une lettre écrite sur une feuille de papier glacé et splendidement illustrée, qui aurait pu perpétuer son erreur sur la véritable condition de la personne dont elle émanait, si le style et l'orthographe ne l'eussent mis sur la voie de la vérité.

Voici quelle était cette lettre, que nous reproduisons avec la plus scrupuleuse fidélité.

« Lundy, ce 21.

» Monsieur,

» Je vous prit de manvoyez ma chemis et une demi douzène de camisolles comme celle que je déjà, et la robe rose que je choisi.

» Je vous prit d'avoir la bonté de me faire passé an même temps de l'étoffe a rai bleu à vec laquelle on fait des chemise et à raie rose, 18 de chaque fasons. Je vous prit de manvoyez le tout en même tant.

» Monsieur de C... m'avait prieyr de le prendre lorsque je suis à Paris, mais je l'ai oubiyer.

» C... n'est pas encor arrivé ; mais je la tans de jours à jours.

» Je vous salue,
» SOPHIE. »

Quelques jours après, le même M. Lami-Housset reçut une nouvelle lettre écrite sur une feuille plus simple, mais où l'on remarque la même écriture et la même orthographe :

« Monsieur,

» Je vous écrit de la par de madame et monsieur C... pour que vous lui ans voiyets les esfaits que madame vous a demandés dans sa lettre parce que lon a besoin ses chemis ans toiles et létofe à rai bleu et à rai roses ainsi que la camisolle et la robe rose que madame a choisi vous anverrez le tous ensamble le plus tot possible.

» Cais de la part de M. de C...

» Vous adreserais les esfait à M. de C... officier à Limoges. »

Ces deux lettres furent suivies de deux autres lettres écrites par M. le marquis de C*** lui-même, demandant les marchandises réclamées par mademoiselle Sophie et par sa prétendue suivante. Chemises, étoffes, etc., tout fut envoyé.

Cependant le patron de la *Petite Jeannette* vint à mourir; on procéda à une liquidation, suivant l'usage, on trouva que les amoureux de Verdun devaient une assez grosse somme. Le total était de 5,767 francs. Il y avait là-dedans un châle des Indes.

— Eh! dame, disait mademoiselle Sophie, est-ce que mon Horace n'a pas dit de ne rien me refuser?

Mᵉ Emmanuel Arago, avocat de la *Petite Jeannette*, expose que ses clients n'ont livré les marchandises par eux vendues à mademoiselle Sophie qu'en considération du nom de M. le marquis de C*** et de la qualité qu'elle paraissait avoir auprès de lui. Ce procès, ajoute-t-il, dont les circonstances excitent l'hilarité des auditeurs, est pénible sans doute à M. le marquis de C***; mais c'est à lui seul qu'il doit l'imputer. Il ne faut pas que les fils de famille puissent, à l'aide d'un grand nom et d'une belle position, faire supporter à des négociants honnêtes le prix de leurs folies. Dans les circonstances du procès, vous n'hésiterez pas, messieurs, à condamner M. le marquis de C*** à payer le montant du mémoire qu'on lui réclame.

— Doucement! doucement, messieurs! s'écrie Me Desmazures qui se présente au nom de l'officier de cavalerie. Ce n'est certes pas un sentiment d'hilarité que j'éprouve en venant résister à la demande formée contre mon client; c'est un sentiment pénible et qui se comprend à merveille. Je ne plaiderai pas l'affaire en droit, car il n'y a ici aucune question de droit à traiter ; mais l'affaire est grave au point de vue moral, et M. le marquis de C*** que mon adversaire le sache bien, n'a jamais compromis le beau nom qu'il porte. Une liaison intime s'est, il est vrai, établie entre lui et la jeune actrice de Verdun ; mais cette liaison s'est terminée comme finissent ordinairement des liaisons de cette nature. Les deux personnes qui l'avaient formée se sont séparées; M. le marquis de C*** a suivi son régiment en Algérie. Plein de courage, il s'est fait casser la tête par une balle arabe, et sur le lit de douleur où il est couché, il serait désolé, s'il pouvait connaître les détails de cette déplorable affaire.

L'avocat du défunt ajoute :

— Pour quelques-uns des achats, ils ont été faits, je le reconnais, avec l'assentiment du marquis, mais il ne s'agit que de quelques-uns. Nous portons la somme à 1,300 et non à 5,767 francs. Qu'est-ce que c'est donc que cette rallonge faite par mademoiselle Sophie? Une gasconnade! Pourquoi et comment est-il question d'un cachemire? Jamais le marquis n'a vu ni connu ce cachemire. Gasconnade, messieurs! Mademoiselle Sophie exhibe une déclaration d'amour, sur papier rose. Mais l'amour n'a rien à faire avec l'argent; et puis le temps et la balle des Arabes ont emporté cette déclaration. Messieurs, si grave que soit cette enceinte, on peut, on doit y faire entendre le refrain d'une jolie romance bien connue des Parisiens :

> Souffla le vent,
> Souffla le vent,
> Il emporta la feuille et le serment.

Le Tribunal, considérant que la succession du chemisier ne justifiait pas complètement sa demande, a condamné la succession du marquis à ne payer que 1,300 francs. — Mais mademoiselle Sophie? — Eh! pardieu, mademoiselle Sophie a disparu pour aller chanter l'opérette à Buenos-Ayres. La rattrape qui pourra.

XI

LE SOUFFLET A LA DANSEUSE

P ARIS connaît toute la mappemonde et même un peu la lune, à ce qu'on prétend à l'Observatoire. Paris va au Caire plus volontiers en 1880 qu'il n'allait à Saint-Cloud du temps de M. de Maurepas; Paris a vu le Groënland, le Cap, le plateau des Gorilles; il sait Honolulu sur le bout de son doigt, mais Paris ignore à peu près complètement en quoi consiste le petit village de Bourg-la-Reine, qui est situé à ses portes.

On a beau lui dire, aussitôt que la première violette montre sa tête d'améthyste dans le velours vert des prés :

— Paris blasé que vous êtes, allez donc passer un

lambeau du printemps à Bourg-la-Reine ; vous y verrez la préface de la plus douce vallée du monde, la vallée de Sceaux, celle où Florian faisait ses bergeries et où Romieu a imaginé ses premières cascades.

Paris ne se donne même pas la peine d'écouter.

Ces trois mots, en effet, Bourg-la-Reine, n'éveillent plus aucune idée de plaisir dans la mémoire de la plus oublieuse des villes. Tout compte fait, il y a près de trois quarts de siècle que le village n'est plus à la mode. Sous Louis XVI, à l'époque où Marie-Antoinette avait découpé Trianon en chalets suisses, Bourg-la-Reine servait, l'été, de résidence à des duchesses qui se costumaient, comme la reine, en gardeuses de vaches, et à de charmants marquis qui ne se montraient dans tout ce pays qu'en Colins d'Opéra-Comique.

Un jour l'orage a soufflé sur Versailles et sur tous ses entours. Vous savez ce que sont devenus les chalets de Trianon, et la reine qui prenait si grand goût à jouer à la laitière. Le vent de cette tempête est venu par la route pavée de Verrières jusqu'à Sceaux, et de Sceaux jusqu'à Bourg-la-Reine, qui a dû changer tout à la fois de nom, de mœurs et d'habitants, mais son ciel et son calme sont demeurés les mêmes.

Vous pensez bien que je ne vais pas m'amuser à vous faire une dissertation historique sur la petite commune. Tout simplement je veux dire que si beaucoup de vieilles choses ont disparu, une ou deux persistent encore. La localité en question, si voisine de Paris qu'elle soit, n'a pourtant pas entièrement perdu son originalité native.

Par exemple, les jardiniers, les paysans et les éleveurs de bestiaux de Bourg-la-Reine, sont restés fidèles à la tradition du *soufflet à la danseuse*.

Voici en deux mots en quoi consiste l'affaire :

Il est passé en usage dans les guinguettes du pays, que lorsqu'une demoiselle refuse le cavalier qui l'invite à danser et en accepte un autre, le cavalier peut lui donner un soufflet sans qu'elle ait un mot à dire.

Quand on se récrie sur la brutalité d'une telle coutume, les anciens vous disent :

— Ah! dame, voyez-vous, ça date du temps de Henri IV.

Henri IV, il faut vous en prévenir, est encore un souvenir de Bourg-la-Reine. Le roi vert galant est venu effectivement faire ses fredaines dans le canton, en compagnie de la belle Gabrielle. On montre même dans la grande rue une maison de vieux style où la favorite a habité. — On vous fait voir de même, pas bien loin de cette demeure, la cave où Condorcet, chassé des carrières de Montrouge par la faim, a été remisé et où il a bu le poison de Cabanis, qu'il avait renfermé dans le chaton d'une bague. Mais, au fond, ces choses si graves ne préoccupent pas beaucoup les têtes du pays. Là, cent fois plus qu'en tout autre endroit de Paris, jeunes gens et jeunes filles n'ont qu'un souci, danser deux fois la semaine, le jeudi et le dimanche.

Pour les jolies jardinières du pays, un quadrille est tout. On prétend qu'elles en perdent le boire et le manger.

En 1864, du hameau d'Aulnay au bois de Verrières, au four banal et à la fontaine, on parlait beaucoup d'une cueilleuse de fraises qui se nommait Pâquette.

— Pâquette est vive comme un pinson.

— Pâquette a les yeux plus grands que la bouche.

— Pâquette a une petite main de demoiselle. Cette main, quand on la serre, on croirait tenir ses pieds.

C'étaient les garçons qui se disaient ces belles choses-là, car ils ne tarissaient pas, ainsi que vous le devinez bien, sur le compte de Pâquette.

Pâquette! Où avait-on pris ce nom tout imprégné des senteurs d'avril pour le lui donner?

Était-ce dans *Notre-Dame de Paris*, où il fait une si belle figure, porté qu'il est par la Chantefleurie, la mère de la Esméralda?

Était-ce simplement dans quelque vieux calendrier imprimé en pays chartrain?

C'est ce que je ne sais pas et ce que, par conséquent, je ne puis dire; mais le nom donnait bien nettement une idée juste de la jeune fille qui le portait.

Regardez autour de vous.

Vous avez des femmes qui s'appellent Rose, Agathe, Louise, Marie, Victorine, Suzanne, Blanche, Augustine, Adèle. Vous les trouvez jolies, il est même possible qu'elles le soient. Il y a bien, dit-on, au delà du Rhin cinq cent mille Allemandes blondes, avec des yeux bleus fendus en amande, qui se nomment Dorothée! Cinq cent mille Dorothée, c'est âpre; mais l'Allemagne étant donnée, toutes sont aimées par des Werther pleins d'ardeur. Le nom de Rose n'empêche pas qu'on ne puisse avoir une chevelure soyeuse. Une taille de guêpe peut être décorée du nom grec d'Agathe. On a vu de jolis pieds s'appeler Marie; de blanches mains, Victorine; des mentons à fossette, Louise.

Mais qu'est-ce que tout cela, je vous le demande, à côté de ce nom d'une fille des champs, Pâquette?

— Si elle avait le bras plus solide et la main mieux attachée, je lui ferais un doigt de cour, disait un planteur de choux de Plessis-Piquet.

C'était un gros garçon aux larges épaules, qui se nommait Georgeon.

Georgeon! là aussi le nom dit l'homme.

Un Georgeon! ça ne peut être que lourd, rude, point galant, et même brutal comme un pandour.

Mais Pâquette aimait à danser le dimanche soir à la guinguette de Bourg-la-Reine, et Georgeon, tout Georgeon qu'il fût, ne manquait pas de tourner autour d'elle.

Et même quand Georgeon se montrait à droite, Pâquette allait à gauche, et quand il arrivait à gauche, elle revenait vite à droite.

— Ah çà, voyons, est-ce que je lui déplais? se demanda un soir le planteur de choux. Il faut que je tire cette affaire-là au clair.

Au premier dimanche, en effet, Georgeon, prenant des airs et des inflexions d'ours adouci, poursuivit Pâquette, tout affolée de peur et rouge comme une cerise du mois de juin ; il la salua encore plus en remuant le pied qu'en inclinant la tête, et lui dit sans façon :

— Mamzelle, je vous retiens pour la première contredanse.

Pâquette, ce semble, aurait autant aimé entendre dire que la dernière gelée blanche avait *tué* toutes les fleurs des fraisiers, de Sceaux à la Vallée aux Loups ; mais sachant son monde, elle ne sonna mot, s'assit sur un banc et regarda danser.

Au moment où l'archet du violon commençait la ritournelle du prochain quadrille, Georgeon revint, son chapeau à la main, en souriant d'un air sournois.

— Eh bien, mamzelle, et cette contredanse que je vous ai demandée, est-ce qu'on ne me la donne pas?

— Mon Dieu, non, monsieur, répondit Pâquette

de sa voix de pinson ; je ne danserai pas, ce soir.

— C'est ce que nous allons voir, pensa Georgeon en opérant sa retraite, et il s'embossa près de la porte d'entrée, comme une corvette d'observation devant un port suspect.

Une jolie fille de Bourg-la-Reine ne pas danser un dimanche, la chose, à vrai dire, n'était pas croyable. Quand on connaissait Pâquette et son amour du plaisir, et son cœur prêt à battre au moindre mouvement de la valse ou du galop, la supposition était mille fois moins possible encore. C'était ce que se disait Georgeon *in petto* et le planteur de choux était dans le vrai.

Cependant Pâquette tint bon pendant une demi-heure.

— Allons, se dit-elle au bout de ce délai, allons, cet animal de Plessis-Piquet se sera lassé d'attendre, et il sera parti. Je puis me risquer maintenant.

On venait de l'inviter pour la dixième fois.

Pâquette accepta.

Cette fois, son cavalier était un jeune roulier de Choisy-le-Roi, bâti comme un Hercule et qui, dans tous les cas, avait ce qu'il fallait pour la défendre, si elle venait à être le point de mire d'une insulte.

Pâquette dansa et dansa bien.

Enchanté de cette prouesse, le roulier venait de la ramener à sa place, quand Georgeon, se présentant au passage, lui dit à l'oreille :

— Écoute, Magloire, il y a un usage dans ce pays : la demoiselle qui refuse un danseur et qui en accepte un autre doit toujours recevoir un soufflet.

— Rien de plus juste, répondit l'Hercule.

— Ainsi, tu le vois, ça ne te regarde en rien ?

— Ma foi, non, ajouta le roulier. Les affaires des autres ne sont pas mes affaires.

Ce colloque fini, Georgeon s'approcha de Pâquette, et, en présence de tout le monde, il lui dit :

— Mamzelle, vous savez ce que vous avez mérité ?

Pâquette, pâlissant, ne répliqua rien.

Georgeon, ne faisant ni une, ni deux, la souffleta.

Et tous les autres continuaient à danser comme si de rien n'était.

Pâquette pleura et partit, et même elle ne s'en tint pas là.

Le lendemain, sachant qu'un soufflet est un outrage qu'on ne doit pas supporter, elle porta plainte devant le juge de paix de Sceaux.

— Georgeon, dit le magistrat au coupable, l'usage du pays est pour vous, mais la loi vous condamne. Dans une telle situation, je ne sais qu'un moyen : c'est de vous condamner à recevoir ici même et devant moi, de Pâquette le soufflet que vous lui avez donné au bal de Bourg-la-Reine.

D'abord Georgeon hésitait à se tenir pour bien jugé, et Pâquette faisait des façons pour exécuter la sentence. A la fin, le juge de paix les décida l'un et l'autre.

Pâquette leva donc la main sur la joue du butor et frappa aussi fort qu'elle put :

— Ah! le crâne soufflet! s'écria Georgeon : un casseur de pierres n'en donnerait pas un pareil. Et moi qui croyais qu'elle n'avait pas le bras solide ni la poigne forte!

Il paraît que cette considération a décidé Georgeon.

Depuis ce jour-là, il aime cent fois plus Pâquette, et il il espère bien se marier avec elle, l'un de ces jours.

Ils se marieront, peut-être, mais pensez-vous, qu'un jour ou l'autre, Pâquette ne lui fera pas payer cher le soufflet qu'elle a reçu?

XII

UNE TEMPÊTE

DANS UNE TASSE DU JAPON [1]

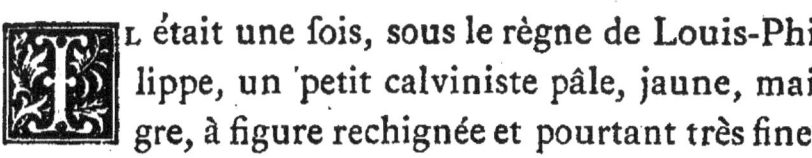Il était une fois, sous le règne de Louis-Philippe, un petit calviniste pâle, jaune, maigre, à figure rechignée et pourtant très fine. A la même époque, il y avait, dans Paris, menant grand train, une princesse russe, déjà mûre, mais

---

[1]. On est encore partagé sur la question de savoir si la liaison qui existait entre un ministre de Louis-Philippe et une princesse russe reposait sur un amour platonique ou sur un amour... mondain.

Mérimée racontait, à ce sujet, un détail piquant. L'austérité du ministre étant connue, beaucoup de gens croyaient au platonisme de cet attachement.

Mérimée, curieux et sceptique, voulut savoir la vérité.

Un soir, il s'en alla l'avant-dernier, laissant M. Guizot en tête-à-tête avec la princesse. Il avait exprès égaré son porte-

dont la situation faisait beaucoup jaser. Les grandes dames royalistes du faubourg Saint-Germain disaient sans biaiser, en parlant de l'étrangère : « C'est une espionne. » Au faubourg semi-aristocratique de Saint-Honoré, les diplomates et les gros banquiers disaient : « — Mon Dieu, la princesse envoie
» peut-être au prince de son pays cinq ou six rap-
» ports par an, mais ne faut-il donc pas apprendre
» aux ours du Nord comment on vit de nos jours à
» Paris ? D'ailleurs un hôtel, une livrée, des che-
» vaux et une cuisine ne s'entretiennent pas avec
» des coquilles de noix : il faut bien qu'on prenne un
» revenu de cent mille francs où l'on le trouve. »

Où le petit calviniste et la princesse moscovite s'étaient-ils rencontrés pour la première fois ? La *Gazette de Hollande* elle-même n'aurait pas pu le dire. On prétendait que c'était à Londres pendant une ambassade, car le premier ministre d'alors avait commencé par être ambassadeur, mais qu'est-ce que ce mince détail pouvait faire au fond des choses ? Ils s'étaient rencontrés quelque part ; ils s'étaient convenus ; ils s'étaient aimés et, paraît-il, toujours sui-

---

feuille. A peine dans la cour, il revint précipitamment sur ses pas, traversa comme une flèche les antichambres avec la mine d'un homme inquiet, et quand il entra dans le salon, il vit que M. Guizot avait ôté son grand cordon !

D'autre part, Brummel, du *Voltaire,* s'inscrit en faux contre cette anecdote et prétend que l'amour du monsieur et de la dame était platonique. — Ce sera comme vous voudrez.

P. A.

vant la chronique, ils ne pouvaient laisser s'écouler un seul jour sans se voir.

Pour comprendre ces sortes de relations, relire deux romans psychologiques : *Valérie*, de madame de Krudener et *Adolphe*, de Benjamin Constant.

Or, il arriva que, dans le même temps, Nicolas Ier, empereur de toutes les Russies, quittant tout à coup Pétersbourg, s'en vint faire un petit tour à Londres. Cet événement n'a l'air de rien, surtout à une distance de quarante ans. A cette époque-là, il mettait toute la politique française en l'air. Rien qu'à la nouvelle du voyage, le roi Louis-Philippe eut la fièvre. Pas un de ses cheveux qui ne se dressât d'horreur sur son front. Pour vous faire comprendre tant de terreur, il faut bien vous expliquer que le czar était une manière de Croquemitaine pour le roi-citoyen. Dès 1830, celui qu'on appelait, très sérieusement alors : « le colosse du Nord » n'avait qu'à faire un geste ou à remuer les sourcils pour donner la chair de poule à toute la cour des Tuileries. Et ce même autocrate, plus menaçant que jamais, osait venir à Londres, au siège même de l'alliance anglo-française. Du reste, l'épouvante était d'autant plus grande qu'on n'avait pas été prévenu diplomatiquement ; c'était une surprise, et une surprise de cour, révélée seulement à la dernière heure par un entrefilet du *Times!*

Je le répète : le ministre français et la princesse russe en étaient toujours à ce que nous appelons la lune de miel. Jusqu'à présent rien n'avait troublé leurs bonnes relations, dont la politique faisait les frais pour moitié. C'étaient deux cœurs et deux esprits qui s'entendaient à merveille. Ils n'avaient pas de secrets l'un pour l'autre; ils s'aidaient mutuellement dans leur importante mission, — car la princesse jouait un rôle semi-officiel dans les affaires publiques; — c'était un astre dont les rayons éclairaient le nord, — une fée qui adoucissait parfois l'amertume des relations diplomatiques. Aucun nuage n'avait passé sur ce charmant accord, et sa sérénité était plus pure et plus transparente que jamais, lorsque le roi des barricades, voyant, un matin, entrer chez lui son premier ministre, s'écria :

— Qu'est-ce que ça signifie, monsieur? Comment! le czar Nicolas vient de faire son entrée à Londres et vous m'avez laissé ignorer qu'il ait dû y venir!

Muet de surprise et de peur, l'homme d'État n'avait rien répondu.

— Allez! allez! avait ajouté le vieux monarque, je crois que le *Corsaire* et le *Charivari* sont dans le vrai quand ils disent en parlant de vous : « Ce petit homme vert? c'est une incapacité méconnue. »

De plus en plus foudroyé, le ministre s'était bien vite mis à courir chez la princesse, sa voisine.

— Vous le saviez! s'écria-t-il.

— Je le savais, répondit froidement la noble dame.

— Et vous ne m'avez pas prévenu ?

— On m'avait recommandé le secret, reprit la princesse avec un aimable sourire, qui, en toute autre circonstance, aurait désarmé le dépit de son interlocuteur.

Mais l'homme d'État était hors de lui-même.

— Elle le savait et elle ne l'a pas dit !

Cette aventure défaisait à la fois ses illusions, ses affections et ses prétentions. Il se sentait frappé en même temps dans sa réputation d'habileté et dans le doux sentiment qui jusqu'alors l'avait consolé et soutenu au milieu des rudes épreuves du pouvoir. Aussi, loin de se calmer, sa mauvaise humeur redoubla lorsque la princesse, d'un air tout gracieux, lui objecta l'obligation du secret.

— « Quelle ingratitude !... Un secret ! En avais-je pour vous, moi ? Dites plutôt que c'est une noire trahison ! »

Ces reproches, — dit la chronique des deux faubourgs, — furent vivement relevés ; la princesse reprit toute sa fierté et riposta d'une rude façon ; le dépit se changea en colère ; les propos aigres firent place aux récriminations terribles, aux apostrophes enflammées ; puis, quand l'haleine manqua aux deux orateurs, quand leur voix s'éteignit, leur pensée toujours ardente eut recours à une pantomime expressive. De belles porcelaines de Sèvres et de Saxe furent brisées dans cet entretien. Ce n'est pas tout encore : on ajoute, — ne faut-il pas tout rapporter quand on écrit l'histoire? — on ajoute que la princesse termina cette scène par un coup de sonnette.

— Reconduisez monsieur, dit-elle au laquais qui entra.

Il était impossible de donner un congé plus humiliant, et jamais homme d'État ne battit en retraite d'une façon plus honteuse.

Parmi les porcelaines cassées dans la bagarre, il y avait, paraît-il, une tasse en porcelaine du Japon. — Cette tasse, c'était tout un poème. Sur son ventre arrondi, un pinceau de l'extrême Orient avait peint, avec ces vives couleurs qu'on ne trouve que dans les pays du soleil, un dragon bleu et rose, tenant dans ses griffes une épée en or. Tout autour des fleurs et des papillons improbables. Rien de plus insensé, rien de plus charmant que l'ensemble de ces dessins.

Était-ce à cause de ce dragon bleu que la princesse tenait à la tasse du Japon? — Vous devinez bien que sa préférence devait tenir à une autre cause. En effet, elle lui avait été donnée, dix années auparavant, à Kazan, par un bel officier de l'armée du Caucase. Ainsi c'était un souvenir d'amour, et l'homme d'État le savait, et c'était pour cela, disait la princesse, qu'il avait pris plaisir à casser cette tasse, un si beau poème, impossible, hélas! à reconstruire!

Dans sa juste fureur, la grande dame, deux fois indignée, se jeta sur ce qu'il fallait pour écrire.

Elle fit alors un billet de cinq lignes. Peut-être en avait-il huit, mais il n'en avait pas dix. Mais les mots étaient serrés et chacun d'eux comptait double. Un billet de princesse russe! un billet de princesse diplomatique! La morsure du serpent-corail qui donne la mort serait peut-être préférable. On assure que les cinq lignes commentaient le mot fameux de Royer-Collard : « Ce petit homme? — Ce n'est qu'un austère intrigant! »

Depuis ce moment, tout était rompu dans le ménage politique; mais le beau temps revient après la tempête. De part et d'autre, on s'évitait avec soin; on se fuyait avec affectation, mais pourtant on s'est rencontré, un soir, dans le salon de l'abamssade d'Angleterre. Les assistants ont eu là un spectacle piquant. D'abord de farouches regards se sont échangés; puis la princesse a déployé toute sa coquetterie, et peu à peu l'homme d'État, entraîné par la force de l'habitude, est venu, comme un papillon, tourner autour de l'astre, qui jamais n'avait brillé d'un plus vif éclat. Si le rapprochement ne s'est pas effectué, séance tenante, c'est que les diplomates aiment le mystère, et que les conditions d'un traité de paix doivent être débattues dans le silence du cabinet.

Notre homme d'État ne pouvait plus, d'ailleurs, en vouloir à la princesse depuis qu'il savait que le voyage du czar était un simple caprice dont le but était purement artistique. La princesse assurait que l'empereur de Russie, qui s'occupait de son théâtre impérial plus que de toute autre affaire, n'était allé en Angleterre que pour engager mademoiselle Déjazet, qui donnait en ce moment des représentations à Londres. — Mais, que vous dire? L'histoire de la tasse du Japon est souvent revenue à l'esprit de la grande dame. On assure que les échos de Paris ont même retenu cette plainte, sous forme d'épigramme, sur celui qui avait brisé son souvenir d'amour :

— Grattez le Génevois, vous retrouverez le Gascon.

On sait, en effet, que le grand ministre était originaire du Midi.

XIII

LE LÉZARD D'OR

———

O N a eu, en 1869 l'idée ingénieuse de mettre au théâtre la *Carmosine*, d'Alfred de Musset. Tout lettré peut savoir que cette charmante comédie de paravent, qui n'était pas destinée à la représentation, est tirée d'un des contes de Boccace. Cependant notre poète y a beaucoup ajouté. Entre autres choses, il y a cousu un épisode plein de fraîcheur, une histoire de bague donnée par une reine à un poète pour être transmise à une jeune fille. Deux ou trois feuilletonistes, revenant là-dessus avec une maligne insistance, ont pensé, mais à tort, suivant moi, que cette annexe d'Alfred de Musset devait être vivement blâmée.

— Les bagues au théâtre, c'est bien vieux, ont-ils dit, c'est bien usé ! Celle-là est-elle vraisemblable ? Pas trop. D'ailleurs, c'est pris dans le bric-à-brac des anciennes poétiques.

Eh ! mon Dieu, oui, c'est pris où il est d'usage de prendre tout, depuis qu'il y a des littératures. Où messieurs les feuilletonistes prennent-ils donc leurs formules de critique, si ce n'est dans le passé ?

Mais ce n'est pas cela que je voulais vous dire.

A propos de bague, j'ai aussi une histoire à vous conter.

Celle-là n'est pas de mon cru, je vous en préviens. Je la tiens des bûcherons du Bourbonnais qui me l'ont contée, sur la fin de cet été, dans l'une de leurs cabanes, où vous pourrez l'entendre dire, si vous allez par là, en revenant de Vichy ou en allant au mont Dore. De ce que c'est une légende qui court le pays, faut-il donc ne pas la recueillir ?

Entre nous, j'ai pensé le contraire.

Lisez-la, et peut-être partagerez-vous mon sentiment à cet égard.

Il y a des années, et des années, il s'est passé une douce et terrible aventure du côté de la forêt de Tronçays. Je viens donc vous la conter sans enjolivements, telle qu'elle est chantée encore aujourd'hui dans le Bourbonnais par les joueurs de vielle.

Un certain jour du mois de septembre, le joli duc Éméric revenait de la chasse au cerf avec ses piqueurs et ses grands lévriers aux oreilles blanches.

Quoiqu'il n'eût rien tué, il n'en pouvait plus de fatigue et de soif.

— Est-ce qu'il n'y a pas par ici un endroit où je puisse me reposer et boire au moins un verre d'eau claire? demanda-t-il à l'un des officiers qui l'accompagnaient.

— Monseigneur, voici, sous ces arbres, un petit moulin dont la roue tourne sur la Queune, petite rivière au flot d'argent. Entrez-y sans crainte. Le meunier nous y fera bon accueil, car il aime nos princes.

Au bout d'un instant, Éméric, suivant le conseil qu'on lui donnait, se présentait au moulin.

— Ma fille, lave ta timbale et verse à notre duc le meilleur vin de la cave, dit le meunier en appelant une grande et belle enfant qui filait dans un coin, sur un escabeau de frêne.

Éméric but d'un trait, et, à peine eut-il vidé la coupe qu'il sentit un feu étrange passer de ses lèvres à sa poitrine et de son cœur à ses veines. Ce n'était pas le vin, pourtant délicieux, qui causait cet embrasement, mais quelque chose comme l'image de la jolie fille qui se mêlait aux fibres de son sang.

— Est-ce parce que j'ai bu dans sa timbale que je suis ivre d'elle? pensait-il.

Il la regarda et ne put s'empêcher de reconnaître qu'il n'avait encore vu de sa vie de visage plus beau ni plus chaste.

Geneviève, en effet, était la merveille de ce pays,

6

où les femmes ont toujours été renommées pour leur beauté. Je n'essaierai pas de faire ici son portrait, attendu que ni moi ni un autre n'y parviendrait en se servant seulement d'une plume.

Le moment arriva où le duc dut se retirer avec son escorte, et il ne pouvait s'y résoudre.

— Monseigneur, lui dit l'officier en mettant la main sur sa bourse de cuir, que faut-il donner à ces bonnes gens pour le vin que vous avez daigné boire?

— Pas une pièce de monnaie, ni une, ni cent, répondit le duc. Je ne veux pas les humilier. Et d'ailleurs ne t'occupe pas de ce soin; c'est moi seul que cela regarde.

Là-dessus il fit signe à Geneviève d'approcher et lui dit :

— Ma belle enfant, vous m'avez versé de votre meilleur vin dans la timbale qui vous sert tous les jours à boire. Rien ne pouvait être plus doux à mes lèvres. En échange du plaisir que vous m'avez procuré, laissez-moi vous faire un présent digne de vous et digne de moi.

En parlant ainsi, il tira de l'annulaire de sa main gauche une bague d'un grand prix; cet anneau formait un lézard d'or massif avec deux yeux de diamant.

— Vous garderez ce bijou en souvenir de moi, ajouta-t-il, et toutes les fois que vous frapperez à ma porte au moyen du chaton de cette bague, ma porte s'ouvrira.

Il lui baisa ensuite la main et partit.

Or, il arriva précisément à Geneviève, à cause du lézard d'or, ce qui était arrivé un instant auparavant à Éméric, à cause de la timbale d'argent. Une échappée invisible de flamme brûla son doigt; elle monta de là à sa gorge et incendia tout son cœur.

Quand Geneviève était seule à son fuseau, elle lui disait sans cesse, comme si c'eût été un être animé en état de l'entendre :

— Pourquoi ne suis-je pas princesse ou pourquoi n'est-il pas meunier !

Voilà qu'à six mois de là, une scène plus brusque se passait au château.

— Mon fils, l'heure sonne où il faut vous marier, disait la vieille duchesse Valentine de Bourbon.

— Soit, ma mère, mais me marierai-je suivant mon cœur ou suivant mon intérêt? Épouserai-je la jolie munière que je vois toutes les nuits en rêve, ou deviendrai-je l'époux de la dauphine d'Auvergne qui est noire comme une mûre des haies?

— La dauphine a des châteaux, des terres et trois sacs d'or; la meunière ne possède rien que ses yeux pour pleurer; d'ailleurs ce serait une mésalliance dont on se moquerait partout et jusque dans le pays des Turcs. Je te conjure de me donner la dauphine pour bru.

— Fort bien, répondit Éméric; je vous obéis, car vous passez avant tout, puisque vous êtes ma mère.

Seulement je vous préviens que j'inviterai la jolie meunière à mes noces.

En effet, la veille du jour où l'union devait être bénie, le joli duc envoya au moulin son officier avec ordre de faire part à Geneviève de ce message :

— Belle entre les plus belles, le duc Éméric se marie demain avec la dauphine d'Auvergne, qui a des châteaux, des terres et trois sacs d'or, mais qui est noire comme une mûre des haies. Ne pouvant vous épouser, comme son cœur le lui conseillait, il désire, du moins, que vous veniez à ses noces.

— N'y va pas, ma fille, lui dit le meunier. Ce duc est un gentil prince, sans aucun doute; mais, pour l'avoir vu seulement cinq minutes, tu meurs d'un mal invisible. Que sera-ce quand tu l'auras vu tout un jour ?

— Mon père, il suffit qu'il désire me voir pour que j'accoure; Dieu décidera du reste. Que je vive ou que je meure, ce n'est rien si je dois le voir encore une fois.

Elle mit une robe blanche, une cornette blanche, des souliers de satin blanc, un bouquet de roses blanches et son cher anneau, le lézard aux yeux de diamant.

En la voyant passer, on disait partout autour d'elle :

— N'a-t-elle donc pas l'air d'une matinée d'avril ou d'une demoiselle qui va se marier ?

En arrivant au château qui a vingt-quatre tours,

(la Quiquengrogne de Bourbon-l'Archambault), Geneviève alla droit à la porte du duc et elle y frappa trois coups avec l'anneau.

La porte s'ouvrit et elle reconnut Éméric, qui se tenait debout avec la dauphine d'Auvergne, sa promise.

— Comment! est-ce là, joli duc, la fiancée qu'on va vous donner pour femme? dit-elle en fondant en larmes. Elle est brune comme une taupe et elle a deux petits yeux vairons. Ce serait la plus belle reine du monde que vous mériteriez, vous, noble chasseur de cerfs!

— Ne la méprisez pas devant moi, Geneviève, répondit le prince, et ne me poussez pas à la révolte, car j'aime mieux votre petit doigt que son corps tout entier.

Ici, se sentant outragée, la dauphine arracha de sa tête le poignard qu'il était de mode de porter alors à sa coiffure; elle se jeta sur la meunière et lui perça le cœur.

— Qu'avez-vous fait là, madame? s'écria le duc; vous venez de tuer la plus belle créature que Dieu ait faite. Le sang qui coule appelle du sang.

Éperdu de fureur et d'amour, Éméric avait une épée au côté; il trancha la tête de la dauphine et la jeta contre le mur.

Ensuite il appuya la poignée de son épée contre la terre et la pointe contre sa propre poitrine, et se tua.

On ne vit jamais trois amants qui se rencontrèrent et qui se séparèrent plus vite.

De tout ce drame il ne reste plus depuis longtemps qu'un témoin; c'est le lézard du duc de Bourbon, lequel est précieusement conservé dans la bibliothèque de Moulins, capitale de l'ancien Bourbonnais.

— Elle est très poétique, cette légende, me dit, un jour le conservateur, mais qui sait? c'est peut-être un de ces brillants et faux racontars dont les poètes ont couvert le monde.

XIV

L'ÉVENTAIL DE CORA PEARL

Un jour, sous le second empire, la gasconnade en chair et en os nous est venue de la Grande-Bretagne; Londres envoyait Cora Pearl à Paris.

Comme tout était superbe dans cette intéressante personne, Paris se hâta de l'adopter. — Ah! ce n'est pas assez dire! — Mademoiselle Cora Pearl a fait tourner la tête à tout notre beau monde, les princes compris. Pendant dix ans, on n'a juré que par la nouvelle venue. Elle a fait école. Ce n'est pas seulement le monde de la cocotterie et des gandins qui s'est modelé sur elle; les hautes régions sociales aussi s'en sont mêlées. Toute la cour avait les yeux sur l'Anglaise ; on copiait son costume, ses voitures, ses gestes, sa livrée, sa manière de conduire ses poneys au bois. Telles et telles grandes dames sollicitaient la faveur d'avoir sa faiseuse.

— Habillez-nous comme Cora Pearl, disaient-elles de l'air le plus naïf du monde.

Les choses ayant pris cette tournure, le drame, le roman, la comédie et le scandale ont coulé à pleins bords sur les sentiers parcourus par cette étrangère. Mais c'était encore la vantardise qu'on y rencontrait le plus. Ainsi cette fille est devenue une personnalité, ce qu'on appelle une figure. Elle ruinait et elle enchantait ; elle gaspillait l'or d'autrui et enrichissait cent fournisseurs; elle donnait à notre époque un cachet bizarre. Et, à la fin, après un coup de pistolet que s'était donné, sur le seuil de sa porte, un jeune millionnaire, une sorte de Werther pour rire, le gouvernement a dû invoquer une loi d'intérêt public pour l'expulser de la capitale. Mademoiselle Cora Pearl a été momentanément exilée, oui, exilée comme madame de Staël, hélas !

Il y aurait grandement à dire sur cette individualité, produit bien net des temps d'orage et d'aventure que traverse en ce moment la société européenne. Ne nous bornons qu'à un épisode. Il s'agit d'un éventail de 14,000 francs que l'Anglaise avait commandé et qu'elle ne voulait pas payer. Ce procès, se produisant dans la zone de Paris amoureux, rentre tout à fait dans le cadre des *Gasconnades de l'amour*.

Muse, chante l'éventail de miss Cruch (lisez Cora Pearl).

Eh bien, non. Pas d'*Iliade* là-dessus, déesse. Rengaîne tes alexandrins carrés pour une autre occasion. Quoique tout soit fleuri autour de nous, (avril 1881) parlons en petite prose. D'ailleurs cet éventail est déjà de l'histoire ancienne. La *Gazette des Tribunaux* l'a célébré à sa manière. On l'avait commandé à un maître. L'art en faisait le thème de ses complaisances. Un éventail pour miss Cruch ! il n'y avait rien de trop beau, il n'y avait rien de trop riche. Si l'on avait pu aller décrocher un arc-en-ciel au firmament, on l'aurait fait. Je l'ai vu. C'est une merveille. On y a mis des figures symboliques et extravagantes pareilles aux personnages qu'on voit dans *l'Œil crevé;* on y a prodigué les fines dentelles et les fanfreluches. C'est bien le colifichet d'une reine, mais, s'il vous plaît, d'une reine du turf et de la fourchette.

Quant au prix, je viens de vous le dire, rien ne paraissait trop cher au moment de la commande, 14,000 francs. Est-ce que miss Cruch a l'habitude prosaïque de compter ? Lorsqu'il s'agit de payer, c'est autre chose : mademoiselle Cora Pearl se fait un peu tirer l'oreille et cherche à diminuer le total de moitié. Voilà du moins ce que raconte l'indiscrète *Gazette des Tribunaux*. L'éventail a donc été la cause d'un procès. Il y a eu plaidoiries d'avocats, réquisitoire de procureur impérial, sentence de juge.

Et tout cela parce qu'une petite lady du sport a voulu un jour épousseter son joli museau avec des lames d'ivoire et des plumes de paon, tout comme le font les sultanes de Victor Hugo dans *les Orientales*.

Finalement miss Cruch a été condamnée à payer la fantaisie de mademoiselle Cora Pearl; c'était justice.

Sur ce, Dieu sait combien on a causé, jasé, glosé, fait des jeux de mots à la ville, à la cour, au théâtre, dans les cafés, peut-être même à la halle aux herbes. Miss Cruch n'est point la première venue; mademoiselle Cora Pearl peut se flatter de figurer parmi les célébrités de notre dix-neuvième siècle. Paris actuel ne consentirait plus à vivre, si cette étoile venait à filer ou à s'éteindre.

Pour ceux qui, par impossible, ne connaîtraient pas miss Cruch, il faut le rappeler, c'est une petite Anglaise qui est fort originale, en ce sens qu'étant brune elle paraît être blonde. C'est elle qui a mis à la mode l'art de changer la chevelure couleur aile de corbeau en cheveux d'or. Comment y est-elle parvenue? Avec le savoir d'une magicienne et une série de petits pinceaux. Le fait est que, sous le rapport de la tignasse, on la prendrait volontiers pour celle que le vieil Anacréon appelle « Cythérée la blonde ». En ce qui concerne la figure, c'est un masque assez incorrect : le nez gros, un peu évidé en bouchon de carafe, le front trop bombé, les lèvres grosses; mais l'œil, bien ouvert, a un charme satanique, et l'ensemble du visage est animé de la flamme qui passionne les sociétés vieillies. Quant au corps, il est d'une forme parfaite. On a été à même d'en juger un jour, en 1867, lorsque mademoiselle Cora Pearl, cédant au caprice de monter sur les planches d'un théâtre, joua aux Bouffes-Parisiens le rôle de l'Amour dans l'*Orphée aux enfers* de maître Jacques Offenbach.

Ce soir-là, toute la jeunesse dorée était sous les armes, c'est-à-dire assise à l'orchestre, une lorgnette à la main. M. Henri de Pène a passé en revue ces beaux-fils et imprimé leurs noms, tous plus blasonnés les uns que les autres. Quel honneur pour les débris de la vieille noblesse d'accourir ainsi, afin de tomber en pâmoison devant le corps demi-nu d'une petite comédienne de hasard, la plus britannique et la plus maquillée qu'on eût jamais vue à Paris! — *Je suis l'Amour!* — chantait miss Cruch, en mêlant au poème un petit accent anglais fort mordant. — Et deux cents jeunes marquis, ducs et comtes étaient grisés d'enthousiasme, comme s'ils eussent coupé les lauriers de Bouvines ou vidé chacun un flacon de vin d'Aï après la bataille de Toulouse.

Un soir on siffla.

— Ils sifflent! dit-elle. Eh bien, zut! je m'en vais!

Revenant tout simplement à la vie aimable de Paris, loin des aspics du théâtre, mademoiselle Cora

Pearl a repris ses belles allures. Je la vois, tu la vois, il la voit, nous la voyons, ils la voient. C'est elle qui a excellé à conduire au bois, en côtoyant le lac, un attelage de petits chevaux couleur pain grillé, qui ont l'air de levrettes lamartiniennes, tant ils sont légers. C'est elle qui a porté, à l'instar de l'Uranie de Raphaël, une couronne de diamants sur le front. C'est elle qui a commandé des camées portant dans leur cadre des figures d'impératrice et d'hétaïres antiques, et ce merveilleux éventail qui a dû mettre en l'air les robins du Palais-de-Justice.

J'allais oublier, Dieu me damne! une bonne hâblerie de cette fantasque personne.

Cela se passait sur la scène des Bouffes-Parisiens pendant qu'elle jouait dans *Orphée aux Enfers*. Y représentant l'*Amour*, elle se montrait dans un costume constellé de diamants. Elle avait donc vidé quelques-uns de ses écrins pour ajouter à sa parure. Mais soit que l'habilleuse n'eût pas cousu ces brillants d'une main assez solide, soit que l'actrice eût imprimé trop de mouvement à sa personne, trois de ces boutons se détachèrent; on les vit rouler sur les planches et disparaître au milieu de fissures. Toute autre se fût émue. Trois diamants de mille écus pièce! Elle, mademoiselle Cora Pearl rentra en riant dans les coulisses comme si de rien n'était.

— Mais, madame, dit une voix, ces brillants ont de la valeur : il faut les aller chercher.

— Ça? répondit l'Anglaise. Du tout. *Ce sera pour le balayeur du théâtre.*

Que dites-vous du mot? Une duchesse habituée au lyrisme des cours et à l'hyperbole des salons n'aurait certainement pas mieux dit.

Il paraît que c'était par ces sortes de bravades qu'elle maintenait autour d'elle toute une escouade de prétendants.

Au temps où ces belles choses se passaient, on parlait beaucoup, — mais des lèvres seulement, — de la parole d'éloquents prédicateurs et de leur autorité sur les rejetons des grandes familles françaises : le P. Lacordaire, le P. Félix, le P. Hermann, le P. Gratry, le P. Hyacinthe, alors orthodoxe, et de vingt autres pères pleins d'onction. Mais croyez que notre jeunesse en gants blancs se laissait encore mieux catéchiser par miss Cruch.

Tel était, sur la fin du second empire, notre beau monde, le plus jeune, le plus titré, le plus élégant, le mieux né, le plus poli, le plus riche, le plus délicat, le plus décoré de rubans, de croix et d'armoiries. Tout ce qui regardait miss Cruch le touchait et le charmait. Si, dans ce même temps, Michelet publiait un livre, on ne le lisait pas; si Gleyre faisait un tableau, on se dispensait de l'aller voir; si Victor Hugo faisait reprendre *Hernani,* ce brillant public restait chez soi; si Félicien David faisait une cantilène, on ne la chantait pas; mais le jour où l'on savait qu'il y avait un procès à propos d'un éventail destiné à Cora Pearl, l'élite de notre aristocratie courait au Palais-de-Justice.

Il a fallu le plus effroyable effondrement de notre France et trois ou quatre révolutions politiques s'étageant l'une sur l'autre pour faire oublier un peu la silhouette de cette Anglaise. Et encore, l'a-t-on réellement oubliée? Elle rirait bien elle-même de notre naïveté, si, par hasard, elle lisait ces pages! Oubliée! Mon Dieu, non, messieurs. D'abord, son exil n'aura été que temporaire; en second lieu, lorsqu'elle a quitté la Suisse, son refuge, pour rentrer chez nous, ç'a été un événement. On s'est mis aux fenêtres.

« — Cora Pearl vient de rentrer dans Paris, » a dit le *Journal officiel* lui-même.

Un peu plus, on dressait à l'hétaïre un arc-de-triomphe en regard de celui de la Grande Armée.

XV

LA JAMBE DE BOIS

I

'AMOUR a un bandeau sur les yeux.
— L'amour fait faire des prodiges.
— L'amour change un tigre en agneau et un agneau en tigre.

Il vous est arrivé cent fois d'entendre répéter ces rengaînes. D'ordinaire celui qui dit ces choses si neuves ajoute :

— L'amour inspire les sacrifices les plus inconcevables.

Pour le coup un de ceux qui écoutent demande la parole et il cite le fait si curieux de cet excentrique Anglais, sir Ralph Temple, de la famille de lord Palmerston, qui, aimant une femme, se fit couper une jambe pour lui plaire.

— Ah ! si j'avais su ! disait-il plus tard quand il se promenait avec sa jambe de bois, ah ! si j'avais su !

II

On m'a conté en petit comité une autre histoire de jambe coupée.

Celle-là s'est passée à Paris il n'y a pas bien longtemps.

Comme elle n'est point encore connue, on peut se risquer à la dire.

Vous y verrez, si vous voulez, la différence qu'il y a entre l'amour anglais et l'amour français.

Il en est des histoires comme des fables : chacune d'elles doit contenir sa moralité ou son fromage.

III

En 1860 il existait dans une assez jolie petite maison du faubourg Saint-Honoré, en inclinant du côté du parc Monceaux, une veuve encore jeune et fort courtisée qu'on nommait Noémi d'Ambluteuse.

Personne n'avait connu le capitaine d'Ambluteuse, mais tout le monde avait entendu dire que c'avait été un des plus brillants officiers de l'armée de Crimée. Pendant le siège de Sébastopol il s'était multiplié au point d'arriver en trois mois à deux grades plus élevés. Il allait être nommé colonel quand un boulet russe le tua roide dans les tranchées.

A cette nouvelle madame d'Ambluteuse prit le deuil et le garda trois ans de suite.

Les uns disaient :

— C'est qu'elle adorait son mari.

Les autres, plus mauvaises langues :

— C'est que le deuil lui va à ravir.

Tout cela n'empêchait pas que la jeune veuve ne fût fort à la mode, au contraire.

On se mit à publier une fois dans une soirée d'hiver que d'une position de fortune assez modeste madame d'Ambluteuse parvenait tout d'un coup à la richesse. Un vieux parent, qui ne mourait pas en Russie mais dans l'Artois, lui laissait quelque chose comme quarante mille livres de rente.

— Veuve, jeune, jolie et riche, elle a tout pour elle! s'écrièrent les papillons d'un certain monde.

Dès le lendemain Noémi était entourée avec plus d'empressement.

IV

On se disait de tous côtés :

— Croyez-vous que la jolie veuve soit en humeur de se remarier?

— Il en est de cela comme du temps qu'il fera demain. Personne ne pourrait rien affirmer.

Le fait est que, quand on lui faisait la question à elle-même, madame d'Ambluteuse ne répondait ni oui ni non.

Quant aux prétendants, sans s'être concertés, bien entendu, ils disaient, chacun en forme d'*a-parte*, comme les amoureux du Gymnase :

— Faisons toujours le pied de grue auprès d'elle : le temps la poussera.

V

En 1861, après avril, c'est-à-dire dans la saison où la mode veut qu'on voyage, quoique le ciel soit bien inclément, Noémi détala la première de Paris pour aller faire un tour aux Pyrénées.

Toutes les fadeurs de l'hiver avaient ennuyé la belle veuve. Il lui tardait de se trouver en face d'une nature grande, sereine, franche du collier. Le printemps jetait une écharpe de verdure sur la cime des monts. Partout la nature était en fête; madame d'Ambluteuse se sentait renaître.

Un soir du mois de mai, aux environs de Pau, le cheval sur lequel Noémi s'était mise en selle donna du sabot contre l'escarpement du chemin et roula sur les bords du gave.

On accourut.

— Dieu merci! s'écrièrent deux ou trois voix, il n'y aura pas grand mal; madame en sera quitte pour la peur.

Sur l'ordre d'un médecin, madame d'Ambluteuse fut ramenée à la ville dans une civière; on la coucha dans un très bon lit de l'*Hôtel d'Angleterre*.

— Est-ce grave? demanda-t-on au docteur C...

— Non, répondit-il, c'est la peur, et rien de plus. Il suffira de bassiner le lit avec du sucre.

VI

Ce médecin ne savait pas ce qu'il disait; c'est ce qui arrive tous les jours à la plupart des hommes de la science.

Le lendemain de l'accident, la peur de la malade s'était changée en je ne sais quelle variété de fièvre.

(*Nota*. — Il en est des fièvres comme des divers genres de roses : on ne les compte plus.)

Le surlendemain la fièvre sans nom se terminait en un frisson de sinistre augure.

Le troisième jour, il se révélait une sorte de paralysie ou de raccourcissement de la jambe gauche.

Noémi d'Ambluteuse, la jolie veuve, ne marchait plus correctement; elle était pareille à mademoiselle de la Vallière, au moins sous un rapport : elle était légèrement boiteuse.

VII

Paris apprit cette nouvelle comme il apprend tout, en faisant des mots.

Et quels mots, juste ciel!

— Voilà ce que c'est que d'aller courir la pretantaine avant les autres.

— Elle était jeune, elle était belle, elle était riche, ça ne lui a pas rendu la jambe mieux faite.

— Et cætera, et cætera, et cætera.

A son retour, Noémi constata sans doute que le cercle de ses fidèles s'était un peu éclairci; néanmoins il restait toujours dix ou douze jeunes gens que l'accident n'avait pas éloignés.

Ceux-là, emportés par le sentiment d'une galante coquinerie, disaient :

— On prétend qu'elle boite. Croyez-vous réellement qu'elle boite? Si cela est, convenons que c'est bien peu. Allons, boiter de cette manière-là, c'est avoir en marchant une grâce de plus.

La langue de Paris se prête à tout.

VIII

Entre nous, je pense que l'appât des quarante mille livres de rente pouvait être pour quelque chose dans cette opinion des jeunes gens, si ce n'est pour tout.

Au demeurant, pour avoir eu tout à coup un pied plus court que l'autre, madame d'Ambluteuse n'avait perdu ni sa jeunesse, ni sa beauté, ni son esprit, ni sa distinction.

Pourquoi aurait-on cessé de l'aimer et de le lui dire?

Au nombre de ceux qui faisaient à la veuve une cour assidue se trouvait Paul D... qui était quelque chose comme auditeur au conseil d'État.

Celui-là avait toute chance d'être agréé.

On disait même... Mais vous savez le mot de Louis XV : « Il ne faut jamais croire que le quart de ce qu'on dit. »

Bref, un matin, Noémi parlant sérieusement avec l'auditeur, lui dit :

— Monsieur Paul, il ne faut pas se le dissimuler, je boite. Or, je crois que le soin de mon état exige que je n'épouse qu'un boiteux. Je ne sortirai pas de là.

— Fort bien, répondit l'auditeur, je vais y réfléchir.

Et il sortit en allumant un cigare.

IX

Cette petite scène de la vie privée se passait à

l'époque de l'année où les oisifs de Paris font leurs malles pour aller à leur maison des champs et où les travailleurs restent à la ville.

Noémi alla passer la saison dans son petit château de *** en Picardie, jusqu'au milieu d'octobre.

Paul D... demeura au palais du quai d'Orsay à grignoter des paperasses administratives.

A trois mois de là, après l'heure du retour, on sonna au faubourg Saint-Honoré, chez la jolie veuve.

C'était Paul D... mis avec recherche, mais dans une posture des plus intéressantes.

L'auditeur au conseil d'État se présentait en marchant avec une jambe de bois, faite au tour, par le tourneur à la mode.

— Qu'est-ce que c'est que ça? s'écria le concierge. Une jambe de bois!

— Quoi, monsieur, dit la cameriste effrayée, quoi! une jambe de bois!

— Que vois-je, Paul? dit Noémi elle-même en se mettant les mains sur les yeux. Une jambe de bois!

X

Après les premières surprises de ce coup de théâtre si inattendu, le visiteur fut introduit.

Paul D... alla s'asseoir, cahin, caha, sur le velours rouge d'un canapé.

Le silence rétabli, il prit ensuite la parole :

— Madame, dit-il alors en s'adressant à Noémi, j'espère que vous agréerez maintenant ma main en échange de... de mon sacrifice ?

— Oh ! mon Dieu non, monsieur, répondit madame d'Ambluteuse avec une cruauté toute féminine. Je voulais bien un boiteux, mais non un amputé. S'il faut vous l'avouer, je vous trouve affreux avec votre jambe de bois. Jamais je ne serai votre femme, monsieur !

— Et moi, répliqua le pauvre boiteux, je ne me refuse pas le plaisir de publier ma mésaventure. Je doute, madame, qu'elle vous fasse grand honneur.

Tout en parlant il s'était levé, puis, faisant tomber le masque de sévérité qu'il avait posé sur sa figure, il ajouta en riant :

— Heureusement, madame, que pour fuir votre ingratitude il me reste mes deux jambes tout entières.

— Hein ? que dites-vous là, monsieur ?

— La vérité.

Puis, tout en poussant un ressort.

— Vous savez que la mécanique fait aujourd'hui des merveilles. Tenez, regardez, madame, mon infirmité n'était que simulée.

Et il montra à la veuve un mécanisme ingénieux à l'aide duquel il paraissait être ce qu'il n'était réellement pas, c'est-à-dire privé d'une jambe.

Paul D... ajouta, toujours en riant :

— Voilà l'hiver. Ma jambe de bois va me servir à faire du feu pour brûler les lettres d'amour que vous m'avez écrites l'an passé.

Et il sortit en Méphistophélès, toujours le rire sur les lèvres.

XVI

LE CAS

DE MLLE JULIETTE LILIENTHAL

Ce n'est pas uniquement sur le sol de Paris que prend racine la Gasconnade de l'Amour; on la voit fleurir aussi, bien entendu, sur tout le continent européen.

— Dans un moment d'humeur maligne M. de Bismarck a dit : « les Français sont libertins et les Anglais fripons. » Mais que penser des Allemands et des Allemandes, quand on aura lu le procès qui suit?

Mademoiselle Lilienthal, fille d'un banquier de Berlin, avait vingt ans quand elle fut épousée par un officier de la garde impériale, le prince de Wittgenstein. Épousée, le mot n'est pas exact, car il fut décidé en haut lieu, c'est-à-dire par l'empereur d'Allemagne lui-même, que le mariage devait être considéré comme nul et non avenu.

Voici à la suite de quelles circonstances.

M. de Wittgenstein était prince, et partant, tenu aux plus grands égards vis-à-vis de sa famille.

« — Eh quoi! épouser la fille d'un banquier, se mésallier! lui auraient répété princes et princesses de Wittgenstein, s'il avait osé célébrer son mariage à Berlin, mais c'est une indignité, c'est une honte! »

Pour éviter de tels propos, de telles doléances, M. de Wittgenstein partit avec sa fiancée en Autriche. C'est là que le mariage se fit.

— Qu'est-ce que c'est que Vienne ? — La capitale de l'empire d'Autriche, disent les géographes ; la résidence du Kayser, disent ses courtisans; — la Capoue moderne, disent les touristes.

Le mariage eut lieu à Vienne. Était-il valable? Les juristes du pays prétendent que non.

M. de Wittgeinstein avait compté sans les règlements militaires, sans la discipline. Or, règlements et discipline ne sauraient fléchir devant les folles équipées des amoureux. L'empereur, saisi de la question de savoir si le mariage était valable, déclara que non, et rendit la liberté aux deux époux.

Mais l'empereur ne s'était interposé que deux ans après la célébration du mariage. Deux enfants étaient nés. Il fallait garantir leur avenir. Il fut en conséquence entendu que M. de Wittgenstein déposerait chez un tiers une somme de 750,000 francs pour les enfants, à toucher par eux à leur majorité, avec faculté pour la mère de profiter des arrérages pendant le temps de leur minorité.

A partir de cette époque les événements se pressent.

Juliette Lilienthal était riche ; la décision du prince lui rendait son indépendance ; elle vint à Paris.

Comme elle était très jolie, elle fut bientôt remarquée par un avocat hongrois, M. Ullmann, qui l'épousa.

M. Ullmann était deux ou trois fois plus riche que sa femme : sa fortune montait à deux millions de francs.

A Paris, tout passe avec la rapidité de l'éclair, surtout ce qu'on est convenu d'appeler le bonheur. Trois millions et la fumée d'un cigare, c'est souvent la même chose.

Quelques années après son mariage M. Ullmann était ruiné, complétement ruiné : par qui, on le devine, par sa femme.

Par sa femme seule, non : un certain M. Alphonse***, l'avait aidée dans cette honnête entreprise.

Un jour même, paraît-il, M. Ullmann aurait surpris le galant chez sa moitié, et ces quelques paroles auraient été rapidement échangées :

— Vous êtes un lâche.

— Monsieur!

— Vous allez vous battre avec moi, entendez-vous : vous êtes un misérable : vous êtes cause de ma ruine.

— Vous m'insultez, monsieur!

— Je crois bien que je vous insulte; aussi vous vous battrez avec moi.

— Non, monsieur, jamais!

— C'est vrai, j'oubliais à qui j'avais affaire. Tenez, je vais vous proposer quelque chose. Au reste, je vous tue si vous refusez. C'est lâcheté d'avoir du cœur contre des gens qui n'en ont pas. Voici la réparation que je veux. J'obtiendrai le divorce contre ma femme; pour vous punir vous l'épouserez. Voici un papier en règle relatant cet engagement : signez.

Et M. Alphonse X*** aurait signé.

Tels sont du moins les faits rappelés par l'avocat de M. Ullmann.

Et maintenant, deux mots du procès pendant devant notre première chambre civile.

M. Ullmann a mis sa femme à la porte et formé une demande en divorce devant les juges autrichiens; mais il n'en reste pas moins un acte authentique, un contrat de mariage auquel provision est due. Juliette Lilienthal, s'appuyant sur ce contrat demande à nos juges ou de dire qu'elle est en droit de réintégrer le domicile conjugal, ou d'ordonner qu'une pension lui sera versée.

Situation singulièrement romanesque que celle de cette femme, on en conviendra.

On a beaucoup répété un des traits de la plaidoirie prononcée en faveur de M. Ullmann. Tout en s'échauffant, l'avocat s'écriait :

— Voyons, messieurs les magistrats, à qui donc au juste appartient Juliette Lilienthal à l'heure où je vous parle? Les procédés les plus subtils de l'analyse chimique ne pourraient pas nous conduire à le savoir d'une manière bien précise. Est-elle au prince Wittgenstein, son premier épouseur, le père des enfants, sa première dupe? Est-elle à M. Ullmann, ce galant homme, qui vient demander aux tribunaux de toute l'Europe de le séparer d'elle à tout prix et au plus vite? Est-elle à ce brillant M. Alphonse X***, qui a été quelque chose de plus que son Sigisbé, à M. Alphonse X***, qui s'est engagé par écrit à devenir son troisième mari du vivant des deux autres?

Convenez que c'est là une jolie tirade à cadrer avec certains monologues de Molière et à marcher de pair avec les alinéas de Beaumarchais.

Mais revenons à l'affaire Ullmann contre Juliette Lilienthal.

Une question préparatoire se posait : le procès est fait entre étrangers, la juridiction française est-elle compétente?

La première chambre du tribunal civil a résolu la question affirmativement, mais elle a renvoyé les parties à se pourvoir devant les tribunaux d'Autriche pour l'affaire relative à la séparation de corps.

— Que les personnages du drame aillent donc laver leur linge sale sous les eaux du Danube ou du Rhin!

A Paris, celui qu'on lorgne le plus en tout cela, c'est le brillant M. Alphonse X***. Sortira-t-il indemne de l'aventure ou bien sera-t-il forcé d'épouser en troisième ?

Voilà ce que la galerie désirerait vivement savoir.

— S'il n'est pas forcé d'épouser, disait un oisif, c'est qu'il n'y a plus de justice au monde.

Cependant cet ensemble bizarre d'amours de tous les pays, d'incidents chevaleresques et judiciaires, de ruine et de plaisir, de procès et de proposition de duels constitue une histoire cent fois plus vraie que le roman le plus réaliste de M. Émile Zola. Et dire que ces faits ont commencé par une idylle comme cela arrive presque toujours! Un jour, au premier moment de sa lune de miel, le prince de Wittgenstein, en se promenant à Potsdam, y écrivait sur l'écorce d'un arbre : *Juliette pour la vie*. Et il signait d'un W; presque tous les procès à mort débutant comme ça.

XVII

POURQUOI

IL N'Y A PLUS DE COMÉDIENNES

En ce temps-là, — c'était sur la fin du règne de Louis-Philippe, — Léon Gozlan avait encore un restant de jeunesse. Il faisait le feuilleton de critique théâtrale au *Globe*, journal assez obscur. Assez négligé dans sa mise, il prenait plaisir, le soir, à jouer au fashionable, comme on disait à cette époque-là. Tiré à quatre épingles, bien peigné, bien ganté, portant à la main un petit stick à pomme d'or, il voulait absolument qu'on le prît pour un homme de loisir, lui, qui, durant une vie des plus laborieuses, ne savait jamais se donner de vacances. La toquade du père Ingres était de jouer du violon, celle de Victor Hugo de faire des dessins à la plume, celle d'Eugène Delacroix d'écrire. Pourquoi le spirituel auteur d'*Aristide Froissart* ne serait-il point parvenu à passer pour un dandy ? Ceux qui l'aimaient, ceux qui le fréquentaient connaissaient ce léger travers et, par amitié pour lui, ils le flattaient.

— Que vous êtes donc brillant, ce soir! lui disaient-ils, quand ils le rencontraient à quelque première représentation; mon cher Gozlan, il ne vous manque que des talons rouges. Parole d'honneur, on vous prendrait pour un homme de cour.

Comparer cet ouvrier de la plume à un marquis pailleté ou à un comte qui fait le joli cœur, c'était lui envoyer à brûle-pourpoint le plus vif compliment qu'on pût lui faire. Par suite d'un revirement étrange, il était arrivé, après de nombreuses désillusions politiques, à aimer l'ancien régime, état de choses qu'il ne connaissait, bien entendu, que par les livres. Quand il était entré dans la vie active, sous Louis XVIII, il avait de bonne heure, en enfant d'une race proscrite (il était juif), il avait, dis-je, fait une rude guerre à la Restauration, à la monarchie, à la noblesse et à tout ce qui tenait à la France d'avant 89. Mais poussé à la misanthropie par l'insuccès ou par l'âpreté des temps modernes, il s'était mis, un jour, à déblatérer contre tout ce qui était nouveau, s'en prenant à tout propos de ses déconvenues aux grands réformateurs de cette Révolution française, naguère tant glorifiée par lui.

Je l'ai entendu vingt fois, à cette époque-là, soutenir que la décadence du théâtre était surtout le résultat de la vulgarité de nos mœurs et de notre rage de vouloir tout moraliser. A son gré, un roi absolu, une puissante aristocratie, de grandes fortunes permettant aux grands prodigues de se développer, la licence des mœurs chez les gens d'en haut devenant l'engrais sur lequel pousseraient l'esprit et le génie, tout cela était cent fois préférable à un régime bourgeois, à une monarchie constitutionnelle dont le chef n'était coiffé que d'un chapeau, à des chambres dans lesquelles la parole appartenait à des raffineurs de sucre, à des journaux qui ne parlent que de douane ou de charbon, à des paysages qui ne représentent que des usines, à un théâtre où l'amoureux est autant en habit noir que le notaire, et où la jeune première se vante, toutes les semaines, de placer ses économies à la caisse d'épargnes.

— Allez! allez! tout ce que nous voyons n'est pas beau, mais quand ça descendra dans les couches inférieures, ce sera grotesque et terrible. Les plus jeunes d'entre vous seront exposés à voir cet aimable théâtre-là.

Ce langage était d'un prophète; Léon Gozlan a prédit l'avénement de l'*Assommoir*, trente-cinq ans avant qu'il fût question de M. Émile Zola.

Un soir, au foyer du Théâtre-Français, nous étions cinq ou six, plus jeunes que lui, à l'entourer afin de chercher, cela se comprend, à le faire causer.

Très timide, même en petit comité, il ne le prenait jamais sur un ton haut; il ne s'emportait pas non plus dans de longues tirades. Tout au contraire, il procédait par petites phrases hachées menu, mais très vives, très acérées, toujours étincelantes d'esprit. Je me rappelle fort bien que, Théophile Gautier aidant, il y avait un courant d'opinion pour blâmer la Comédie-Française de ne pas appeler à elle les deux plus grands artistes des temps romantiques, Frédérick Lemaître et Bocage. Léon Gozlan, très vif admirateur de ces deux vulgarisateurs de la belle prose et des beaux vers, se mêlait plus que personne à ce concert. C'était lui qui disait, en souriant :

— Vous verrez qu'il faudra que Pierre Corneille sorte de son tombeau pour aller les prendre, l'un par la main gauche, l'autre par la main droite pour les amener dans la Maison de Molière.

Cette échappée de fine critique, rehaussée d'un si terrible mouvement d'ironie nous avait tous beaucoup frappés. Le feuilletoniste ajouta, du reste, qu'il traiterait très prochainement la question dans son article hebdomadaire. — Et il le fit comme il l'avait promis. — Mais, ce soir-là, je ne sais plus qui, lui adressa une sorte de reproche.

— Mon cher maître, lui dit-il, j'ai remarqué que, dans votre feuilleton, vous parlez volontiers des grandes acteurs et jamais des grandes actrices.

Léon Gozlan. — Je ne puis point parler de ce qui n'existe pas.

Z***. — Je ne comprends pas. Les théâtres affichent tous les jours des débuts d'actrices. Avant-hier nous avons compté trente jeunes comédiennes à la file dans une pièce, à la vérité, qui n'est ni homme ni femme. Il n'est pas de fille de portier qui ne rêve la gloire d'une Rachel ou d'une Déjazet; il y a même très souvent des demoiselles bien nées qui ne craignent pas d'aborder la rampe. De chaque condition, haute ou basse, éclatante ou obscure, on voit sortir enfin, le couplet à la bouche ou la tirade à la main, des vocations sans nombre. Et il n'y a pas d'actrices, dites-vous?

Léon Gozlan. — Il n'y en a pas.

Z***. — Qu'y a-t-il donc?

Léon Gozlan. — De jolies femmes; rien de plus, rien de moins. Vous savez ce que deviennent au théâtre les jolies femmes, quand elles ne parviennent pas à être de bonnes actrices; et aucune d'elles n'y parvient, parce qu'aucune d'elles ne se figure exactement ce qu'est le théâtre : c'est-à-dire une école le jour, une épreuve le soir; une école où l'on apprend sans cesse, d'ou l'on ne sort jamais; une épreuve toujours nouvelle, qui demande pour la soutenir toute la beauté du corps, toute la fraîcheur de la mémoire, toute l'intégrité des sens, toute la netteté de l'esprit, toute la pureté de la voix.

Z***. — Mais enfin toutes ces jeunes femmes veulent arriver à quelque chose?

Léon Gozlan. — Tiens, elles veulent arriver à ruiner tour à tour vingt-trois amants afin d'avoir une petite maison à Ville-d'Avray et trente mille livres de rente.

Z***. — Pourtant, mon cher...

Léon Gozlan. — Le premier soin d'une débutante est de chercher un admirateur assez avantageux pour la mettre dans ses meubles; et le phénomène n'est pas rare, s'il est court, dans une ville peuplée de provinciaux et d'étrangers, pleins de l'idée que l'actrice parisienne est le type de la volupté sur la terre. Ses dents sont des perles, ses yeux des diamants; le reste échappe à la comparaison. Dès qu'elles ont un bout d'épaule dehors, la cheville découverte et une aune de velours autour des flancs, elles passent déesses. Le velours est la plus belle chair dont raffolent les provinciaux, les jeunes gens et les vieillards.

Or, une actrice dans ses meubles ne passe pas ses nuits, on le suppose, à étudier ses rôles, à chercher des effets, à demander à sa glace les attitudes les plus vraies, les plus énergiques, celles qui sont le plus en harmonie avec les paroles dont elle note les intonations. Elle se lève à dix heures, se traîne de son salon à son boudoir dans ses pantoufles orientales, et elle déjeune du bec avec sa perruche. A midi, elle manque sa répétition; à deux heures, elle ne manque pas d'aller visiter quelque chère amie placée par le sort dans sa brillante catégorie. On savoure les cadeaux qu'on a reçus, ceux qu'on espère; mais on ne parle pas du théâtre, fi! mauvais genre : ou si l'on en parle, c'est pour dire : « Celle-ci est » bien maigre! « — Véritable bâton. » — Celle-ci » est trop grosse. — « Il est question de l'étayer » comme l'obélisque, elle s'écroule. » — Celle-là » vieillit à vue d'œil. « — Celle-là n'a plus l'ombre » du talent; c'est une odalisque de la Restauration, » vrai turban, etc. » Si l'actrice n'est pas allée à la répétition, il faut du moins qu'elle joue, le soir, dans la pièce affichée. Sa dignité s'abaisse jusque-là : d'ailleurs le théâtre est sa boutique, son magasin de nouveautés; il faut que, de loin en loin, elle s'y montre, sous peine de passer de mode. Elle cède à cette nécessité : mais comment y cède-t-elle? En reine. Son groom garde le manteau; son père, autre groom, lui prépare le verre d'eau sucrée entre deux coulisses; sa mère a soin de la loge : elle mouche les bougies (les bougies de théâtre se mouchent), ramasse quelques mailles échappées au maillot ou à la chaussure. Quant au talent, il est parti avec les illusions des trois débuts; quant à l'amour-propre, il est resté, mais non comme un désir de bien faire, seulement comme une envie de tout rabaisser autour de soi.

Z***. — Il y a du vrai, sans doute, dans tout ce que vous dites là, mais néanmoins, parmi ces dames qui se montrent sur les planches, toutes ne sont pas uniquement des filles de plaisir. Dix ou douze finissent par se faire un nom.

Léon Gozlan. — Puissance de la Réclame! Et puis les Cromwells à coffre-fort qui protègent celles-là font les quatre cents coups pour tirer leurs belles de l'obscurité. Ces Turcarets de notre âge prêtent de l'argent aux directeurs de théâtre afin que l'engagement soit renouvelé. Ils s'arrangent, en été, pour se trouver aux villes d'eaux où se baignent les auteurs en vogue et ils les saluent sur la plage avec des mines de léopards apprivoisés. Il y a toujours sur le pavé de Paris en regard de la vraie presse, écho sincère de l'opinion publique, une demi-douzaine de petits journaux surmontés d'une vignette qui remplissent leurs colonnes de noms propres et de littérature sale; les capitalistes achètent de temps en temps un lopin dans ces feuilles-là comme les bourgeois achètent un carré de choux à Saint-Mandé, et il est convenu que, dans ce terrain, on ne cultivera rien autre chose que la gloire de mademoiselle Zaza ou de mademoiselle Zizi, et à la longue, vu la bêtise du temps où nous sommes, la réclame répétée mille fois de suite devient réellement de la gloire. Voilà ce que c'est que les jeunes femmes qui, parfois, brillent un peu sur l'affiche. Mais celles qui s'enrichissent et qui ne prennent le théâtre que comme un prétexte à faire le commerce de l'amour! Ah! la jolie comédie à faire! Quelles rouées! quelles grugeuses! quelles sangsues des grosses fortunes! C'est à celles-là que les restaurants à la mode doivent les trois quarts de leurs succès.

Z***. — Mon maître, dites tout de suite qu'elles passent leur vie à faire la noce.

Léon Gozlan. — Si je ne le dis pas, c'est qu'il est superflu de le dire. Tout le monde le voit assez. Mais il n'y aurait que demi-mal si elles avaient de l'esprit. Non, non : elles n'ont que de l'avarice et de la grossièreté. Ces grues ne se sont pas bornées à tuer l'art dramatique, elles ont, en outre, tué l'amour.

Z***. — Vous les croyez toutes bêtes?

Léon Gozlan. — Non, je les crois archi-bêtes. Sur trente, il n'y en a pas trois qui sachent l'orthographe; beaucoup ne savent pas signer leur nom. Mais, par exemple, elles sont habiles à duper les matadors qui paient leurs dents et leurs tignasses. J'en sais une qui trompe un jeune prince russe, homme charmant, pour son porteur d'eau. — Oui, mon cher, c'est de la dernière vérité, et tout le quartier où elle a un hôtel et un carrosse sait cela et se moque du prince. Il y en a une autre, tenez, elle joue ce soir, ici même, qui est protégée par un ministre, mais qui est folle de son coiffeur. Elle entend que ce coiffeur devienne sous-préfet de par l'Excellence. Cela sera, vous le verrez. Oui, voilà celles qui émergent. Nous devons rougir jusqu'au blanc des yeux, mais le drame n'a pu parvenir à se former une actrice remarquable dans l'espace de quinze ou dix-huit ans. Madame Dorval n'a pas une seule rivale à redouter parmi tant de jeunes filles, belles, sans doute, et passionnées, doutons-en encore moins. D'où vient cela?

Z***. — Parbleu, cela vient de ce qu'il y a une éclipse momentanée de talents. Cela reviendra, un jour ou l'autre.

Léon Gozlan. — Cela ne reviendra pas, je le crains, et voici pourquoi vous n'avez plus de vocations, vous ne pouvez plus en avoir. Pourquoi? Parce qu'il n'y a plus de déshonneur à être comédien. Quelle impulsion ne fallait-il pas que l'actrice ressentît autrefois pour paraître en public, lorsqu'elle était sûre que le public la honnissait et la méprisait au fond de l'âme? Son père la déshéritait, ses frères la fuyaient, sa mère la maudissait, n'importe; elle montait sur les planches, et elle devenait Clairon, Gaussin, Duchesnois. Il y avait de la souffrance, de la persécution à vaincre; elle ne s'exposait pas sans cet instinct secret des âmes d'élite qui dit tout bas : « Va toujours, va ! il y a quelque chose. » Ce quelque chose, c'était la gloire d'être saluée par Molière du fond de sa loge, d'être embrassée par Voltaire en plein théâtre, ou la honte de mourir à l'hôpital et d'être enterrée avec les chiens, sous la dalle d'un égout. Puisque vous n'avez laissé au théâtre que son côté frivole, attrayant, oisif, licencieux, toutes les femmes qui aiment le plaisir, l'oisiveté et la licence (et le nombre en est honnête), se jettent au théâtre, et le théâtre n'a plus été qu'un mauvais lieu décent pour les femmes. — Et cela est si vrai, que beaucoup, parmi elles, comprenant très bien le caractère de ces bazars où elles s'exposent en vente, au lieu de se faire payer par les directeurs, paient elles-mêmes pour se montrer en public. Ainsi, je ne vous dirai point : « Voilà pourquoi ces jeunes filles sont muettes; mais : Voilà pourquoi elles parlent si mal, voilà pourquoi elles trompent si bien. »

L'entr'acte finit et la causerie avec l'entr'acte.

XVIII

CANTATRICE ET PRINCESSE

En avril 1880, il n'était bruit dans tous les mondes que de l'affaire de la princesse ***, une des plus vieilles célébrités de Paris.

Voilà soixante ans, un jour qu'il voulait s'égayer, le grand Fabricateur des mondes prit un peu d'argile et il en fit un corps de femme. Cela, je crois, se passait en Belgique. La créature était blanche, svelte, assez jolie. Il y avait de la noblesse dans sa démarche, du feu dans ses prunelles, une grande expression de volupté sur ses lèvres. Jolie! ce n'était pas assez : celui qui venait de la faire sortir du moule de la création lui avait, en outre, fait don d'une belle voix. On lui apprit la musique ou même elle la devina d'elle-même, ainsi que le font les fauvettes et les rossignols.

— Ce sera une des grandes cantatrices du jour, dit le savant Fétis, après l'avoir entendue. Envoyez-la vite à Paris; l'Académie royale de musique lui fera pont d'or.

Il n'y avait rien d'outré dans ces pronostics. La belle enfant arriva par la diligence (il n'y avait pas encore de chemins de fer, à cette époque-là); on lui donna audience, car à Paris une jeune femme ne fait jamais pied de grue; on l'entendit et l'on cria au prodige. C'était M. Léon Pillet, un ancien journaliste, qui dirigeait l'Opéra d'alors. Étant un bon connaisseur, il fut, le premier, sous le charme. Quatre ou cinq dilletanti de ce qu'on appelait la Loge Infernale avaient été consultés; c'étaient de ces membres du Jockey-Club sans lesquels rien ne se faisait dans le monde élégant et, par conséquent, à la salle de la rue Le Peletier. Tous furent d'accord pour conseiller l'engagement.

— Cette femme-là est un prodige, dirent-ils. Donnez-lui par mois une botte de billets de Banque, et, si le papier Joseph ne suffit pas, jetez des rubis ou des topazes sous ses pieds.

Le directeur ne se le fit pas dire deux fois. Au bout de quarante-huit heures, un contrat en règle était signé. Cette jolie Belge, si harmonieuse, était attachée à l'Académie royale de musique, mais par des chaînes d'or et de diamant. On l'afficha, on la fit chanter, la salle pleine. Ce fut une frénésie. Toute l'assemblée était sens dessus dessous. — « A la bonne heure! Voilà une véritable artiste! » Le parterre se levait, les loges jetaient des fleurs ; l'orchestre s'écriait :

— Elle a réellement du chien dans le ventre!

Avoir du chien dans le ventre, c'était déjà chez nous la plus belle formule d'éloges qu'on pût imaginer ; c'était le succès ; c'était la gloire!

Ainsi la réussite avait été aussi grande que rapide. M. Léon Pillet se frottait les mains d'aise. Dès ce moment-là, les grands drames lyriques n'allaient donc plus être condamnés à être exécutés par des sabots ou par une troupe de fer-blanc! Rossini, Meyerbeer, Halévy, Auber, Donizetti, avaient une interprète. Cette jeune femme animait tout ce qui l'entourait. Il venait des ténors, il arrivait des basses-tailles. De son côté, l'univers musical voulait voir de près la nouvelle merveille. C'est vous dire qu'on accourait des quatre points cardinaux. La recette avait doublé.

Un homme perd la tête au milieu de l'ivresse du triomphe ; une femme, jamais. L'étrangère comprit vite qu'elle était la coqueluche de Paris. Tout ce qu'elle ferait désormais serait bien fait. Elle commença donc par étendre la main sur l'immense vaisseau de l'Opéra, en disant :

— Tout ceci est à moi.

Et, en effet, elle était déjà la souveraine incontestée de ces lieux. C'était à qui lui obéirait, depuis le directeur jusqu'au dernier des machinistes. Vous savez que les Italiens, intrépides faiseurs d'hyperboles, ont un mot pour spécifier cet état de choses : *Prima donna assoluta.* — Oui, maîtresse absolue, cela était surtout applicable à l'étrangère. De l'Opéra elle avait fait son domaine ; elle y régnait bien plus que le khédive sur l'Égypte.

Mais y a-t-il une couronne de roses sans épines ? La cantatrice avait parfois un nuage noir sur son front d'ivoire. Des langues de vipère (hélas ! il y en aura toujours) sifflaient à propos de son passé. Les unes disaient qu'elle avait été mariée à un homme vulgaire et qu'elle ne portait pas le nom de son mari ; les autres parlaient de fredaines amoureuses, peut-être chimériques, peut-être inventées ; elles disaient de ces choses qui sont d'autant plus cruelles qu'on les entoure de réticences. Bref, tout cela était comme autant de mouches tombant dans sa tasse de lait. Mais, au fond, comme elle aimait son art, comme elle y réussissait, comme on ne cessait pas de l'applaudir, elle avait fini par se moquer du qu'en dira-t-on.

— L'Opéra est à moi ! reprenait-elle.

Paris l'avait presque divinisée, suivant l'usage ; Londres, Vienne, Pétersbourg, Berlin, Milan voulurent la voir et l'entendre ; c'est encore l'usage. Jugez des bouquets recueillis, jugez de l'or jeté par pelletées devant elle ? Quinze ans s'écoulèrent. L'Amérique la demanda; et elle enjamba l'Atlantique et s'en alla charmer le Nord et le Sud. Naturellement, elle revint de là avec des trésors. Plusieurs fois millionnaire, un peu fatiguée aussi, elle ne chantait plus; et que lui importait de ne plus chanter, puisqu'elle était assez riche pour vivre en reine?

En reine, est-ce assez dire? Les habitués du vieil orchestre et les hommes de la vieille École disaient : en déesse. Et, en effet, en ce moment on se mettait à bâtir des villages au milieu des bois du Vésinet; alors elle eut une fantaisie surhumaine; elle voulut avoir par là un temple, et c'est bien un temple, style grec, réduction du Parthénon, qu'elle s'est fait construire. Si vous hésitez à me croire, allez au Vésinet et vous verrez. C'est un temple qu'on vous montrera. Au reste, ce caprice n'a pas eu de suites. La divinité n'y est venue qu'en visiteuse. Elle n'a pas habité son temple.

A l'époque de ce retour triomphal, elle eut une autre fantaisie, celle-là plus terrestre. Elle avait rencontré quelque part, dans un petit théâtre des Champs-Élysées, un mime, le fils du plus fameux des funambules de ce siècle, un joueur de pantomime, Pierrot II, ainsi qu'on l'appelait, — que vous dire là-dessus? De telles choses sont délicates. — Est-ce le Pierrot qui l'a enlevée? Est-ce elle qui a enlevé le Pierrot? — Je n'affirme rien, je ne dis rien. Seulement il y a eu, à ce sujet, un roman d'amour dont la petite presse d'alors s'est fort occupée.

Depuis cette aventure, l'ex-grande cantatrice a voyagé en Espagne. Là, elle a rencontré un jeune et bel hidalgo, le fils d'un prince, et elle s'est mariée avec lui. — Sans doute l'époux est beaucoup moins âgé que l'épouse ; mais qu'est-ce que ça fait? Elle voulait être princesse et, lui, paraît-il, avait besoin de redorer son blason. Plus tard, on a parlé d'une demande en séparation de corps.

N'aimant pas à me mêler des affaires des autres, je ne dirai rien de plus sur cette affaire ; seulement j'ai tenu à faire voir quelle organisation d'élite était cette femme et combien il y avait de figures diverses en elle. *Prima donna assoluta* en 1840, lionne du chant dans les deux mondes, triomphatrice en 1857, princesse en 1878 et encore et toujours pleine d'énergie, et encore et toujours soulevant les cœurs sur son passage !

Appelez donc ça le sexe faible, si vous l'osez !

XIX

SOUS LE MASQUE

A-T-IL donc des Gasconnades funèbres? — Eh! sans doute, lecteur.

Par exemple, on a su l'aventure tragique qui s'est passée, en 1875, au dernier bal de l'Opéra. On s'attendait peu à voir les larmes et le roman sérieux au milieu de cette assemblée où les joies les plus folles se donnent seules rendez-vous.

Le prince C.....ff arriva, de Saint-Pétersbourg, la veille du Jeudi-Gras, n'ayant encore vu qu'une seule personne de sa connaissance, M. B..... Le prince .C.....ff était jeune, riche et fort agréable. Une grande peine de cœur a brisé sa vie; et depuis deux années il voyageait autant qu'un Russe a la permission de le faire. Il rencontra, à Vienne, en 1869, la belle duchesse d'Har...; il en devint amoureux. Elle l'aima; leur amour était trop sincère pour savoir se cacher. Le duc d'Har... apprit tout. Ils furent séparés en un jour, en une heure. Le duc emmena de Vienne sa jeune femme, et le bruit courut dans le monde qu'il l'avait fait mourir. Un autre bruit, aussi accrédité, fut qu'elle n'était pas morte, mais renfermée, comme la dame du château de Vufflans, dans une terre qu'il avait achetée en France, pour y vivre plus ignoré.

Comme tous les êtres désespérés qui ont besoin de se prendre à un espoir quelconque, le prince C.....ff avait adopté ce dernier bruit comme le plus vraisemblable, et sur cette seule supposition il était venu en France.

Ennuyé de tout, s'attachant à toutes les chances, espérant toujours retrouver celle qu'il aimait; en arrivant à Paris, il alla au bal de l'Opéra, comme ailleurs.

Il ne faut pas croire qu'il n'y ait, aux fêtes de ce monde, que des heureux et des cœurs satisfaits. Souvent les plus tristes y sont les plus fidèles.

Il était debout, appuyé contre la porte du petit salon du foyer, regardant passer ces ombres noires devant lui sans remarquer personne.

Tout à coup une femme, en domino, s'arrête et le regarde longtemps. Elle tenait un bouquet d'héliotropes et de violettes de Parme; de l'autre main, des besicles, et lorgnait le prince avec persévérance. Son mouchoir tombe; il le ramasse et le lui rend. Mais un frisson mortel le saisit en respirant une odeur que la duchesse d'Har... portait toujours sur elle, et qui lui était particulière; une odeur de vanille ambrée. Le bouquet l'avait déjà frappé. Elle avait ces mêmes fleurs au dernier bal où toute leur vie fut brisée. Madame d'Har... avait la vue très basse, et tenait toujours ses besicles à la main. Cette femme était exactement de la même taille; elle le regardait toujours. Enfin, elle s'approcha, et lui fit signe de s'asseoir auprès d'elle. Fasciné par tout ce qu'il voyait, ne sachant encore s'il devait espérer un bonheur qui lui semblait impossible, il vint se placer à côté de la femme masquée, sur un divan.

Tout ce qu'elle lui dit à voix basse le bouleversa de plus en plus. Était-ce une comédie jouée pour lui ôter la raison?... Était-ce Sabine d'Har... qu'il avait près de lui?... Il ne savait que croire, et son âme se troublait de plus en plus. L'émotion qu'il éprouvait était si forte, que déjà plusieurs masques s'en étaient aperçus et se groupaient autour d'eux.

— Venez, dit-il au domino inconnu, ma tête se perd ; je ne puis rester plus longtemps dans cette affreuse incertitude.

Il l'entraîna hors du foyer.

Mais au lieu de le conduire dans une loge, il descendit rapidement l'escalier, et appela ses gens qui attendaient à la porte.

Le masque monte avec lui, car le prince lui ôtait toute possibilité de lui échapper.

— Ne me reconnaissez-vous pas? lui dit-elle enfin à voix basse, quand ils furent dans la voiture.

— Sabine! s'écria le prince C... en devenant pâle comme la mort.

Ses larmes étouffaient son cœur depuis longtemps; il pleura de joie et de bonheur! En arrivant chez lui, il se précipite aux genoux de cette femme, lui baise les mains, et pleure de joie comme un enfant, comme il n'avait jamais pleuré de douleur!

Elle, tout à coup, s'arrache à ses étreintes et à ce transport; elle ôte son masque!... et l'on entendit alors au milieu de cette scène de délire un de ces rires éclatants, un de ces rires moqueurs, qui font tressaillir et n'égaient personne!

A ce rire fatal, qu'une femme aimante et fidèle n'eût jamais jeté dans un pareil moment, le prince relève la tête soudain, et il voit devant lui une femme qu'il ne connaît pas!...

— Ce n'est pas elle!... s'écria-t-il en tombant sans connaissance sur le parquet.

On l'emporta mourant dans sa chambre. Le lendemain, les plus habiles médecins furent appelés; mais les secours étaient inutiles.

Le prince est devenu fou, et, depuis 1875, il est chez le docteur B..., à Mont...

L'ami du prince, qui connaissait tout son roman, s'était amusé à le mystifier, et mademoiselle M... de l'Opéra était la présumée duchesse d'Har... Nouvelle et millième raison de dire aux hommes :

« Ne jouez pas avec l'amour. »

XX

HISTOIRE D'UN DINER FIN

LA BELLE MADAME LESPÉDÈS

Mars était sur son dernier déclin. On entendait sonner sept heures du soir. Tout le boulevard aux gants roses dînait. Au café ***, restaurant de la jeunesse dorée, il n'y avait guère de table inoccupée. Ici, un jeune duc; là, un jeune marquis; plus loin, un jeune baron; vis-à-vis, un jeune comte, çà et là, tout un rosaire de chevaliers. Bref, on aurait pu voir là, la barbe fleurie et la fourchette à la main, tous ceux que, dans l'un de ses livres satiriques sur les choses du temps, M. Louis Veuillot appelle *les étalons du boulevard*. — Style de bon catholique, comme vous le savez.

Tout à coup celui des garçons qui, d'ordinaire,

fait sentinelle sur le seuil de la porte, se rangea en s'inclinant à la manière d'un homme de cour. Une femme s'apprêtait à faire son entrée. Au café ***, le plus correct qu'on connaisse, l'usage est qu'une femme ne se présente pas seule dans les salons. Mais celle dont il est question avait tout ce qu'il fallait pour qu'on ouvrît les portes toutes grandes devant elle. Souriante sans manquer à la décence, elle s'avançait en déesse de la Renaissance. Elle était jeune, elle était élégante; elle était belle surtout, très belle. En passant, elle ressemblait à une flèche de diamant qui aurait traversé l'espace.

— Voilà une femme chic, par exemple! s'écria un petit-neveu de vidame.

L'exclamation eut de l'écho. De toutes les fourchettes qui se trouvaient là, pas une ne s'exempta de faire une démonstration soudaine, marque d'étonnement et d'admiration. — Une femme chic, en effet, une merveille! — Galbe grec, superbes cheveux noirs, grands yeux bleus, une bouche du dessin le plus irréprochable, et cette taille! et cette démarche! et cette main! — Mais pourquoi une si prodigieuse personne était-elle seule? — Comment! pas de cavalier pour cette incomparable dîneuse!

Cependant le maître de l'établissement, la serviette sous le bras, s'était approché très révérencieusement, ainsi que c'était son devoir. Après deux saluts successifs, il venait de faire asseoir la nouvelle venue à la table n° 7.

— Que désire madame ? Que faut-il servir à madame ?

— Rien pour le moment. J'attends mon mari.

Pensée secrète du chef de l'établissement :

— Eh bien, voilà un gaillard, ce mari, qui peut se vanter d'avoir une femme chic !

Puis, en rebroussant sur ses pas, autour des autres tables, à demi-voix :

— Monsieur le duc, monsieur le comte, monsieur le baron, c'est une dame qui attend son mari.

Ces paroles auraient dû suffire, ce semble, pour que ces beaux messieurs se tinssent en repos et achevassent de dîner comme si de rien n'eût été. Mais quel aimant invincible le Fabricateur souverain a-t-il donc mis dans la beauté pour qu'elle soit la cause d'une incessante distraction ? — Un mari ! cette adorable forme humaine est sous pouvoir de mari ! Mais quel pignouf est-ce donc que cet être pour qu'il laisse seule une créature si étincelante et qu'il ne soit pas là, près d'elle, à l'heure où dînent les honnêtes gens ?

Le petit neveu du vidame alla plus loin et tout en dépeçant un pigeon aux petits pois, une primeur, il laissa tomber ces mots de ses lèvres autour de son assiette :

— Ah ! si cet ours de mari pouvait ne pas venir !

Encore une exclamation qui eut de l'écho. Toutes les fourchettes héraldiques la répétèrent, presque en chœur. Il n'y manquait plus qu'un peu de musique de Jacques Offenbach pour ressembler à un morceau d'opérette.

— Ah! si ce gniaf de mari ne venait pas!

Le fait est que l'heureux coquin ne se pressait guère.

Sept heures et demie vinrent à donner. En ce moment, toujours assise seule à sa table, toujours immobile, la belle inconnue ne put s'empêcher de donner un signe d'impatience. Elle regardait la pendule; elle frappait même un peu du pied, et son pied rappelait celui de Puck-le-Lutin, tel qu'il est décrit dans le *Songe d'une Nuit d'été*.

— Madame, dit alors le chef de l'établissement, puisque monsieur votre mari se fait toujours attendre, voulez-vous faire votre carte? On s'en occupera sans retard, en sorte que lorsqu'il viendra, tout sera prêt. Nous n'aurons plus qu'à vous servir.

— Au fait, monsieur, servez le plus tôt possible, puisqu'il ne vient pas, dit la belle dame.

On servit, en effet, et, après avoir jeté un nouveau coup d'œil sur la pendule, elle se décida à faire ce que tant de brillantes fourchettes faisaient si bien autour d'elle. Oui, elle était belle, très belle, mais ce n'était pas une de ces beautés vaporeuses qui vivent d'amour et d'eau fraîche. Le menu était d'une femme habituée aux bons morceaux. Raison qui avait confirmé le maître du café dans cette pensée qu'il s'agissait d'un client d'élite.

Elle mangeait donc et plus elle mangeait, plus les gentilshommes la lorgnaient, plus ils la trouvaient charmante, plus ils éprouvaient le besoin de le dire.

— Ah çà! puisque ce coquecigrue de mari ne vient pas, qui empêche de s'approcher d'elle et de lui offrir du moët première?

— Du lacryma-christi?

— Du château-yquem?

— Mieux que ça; une omelette aux diamants?

— Une omelette aux diamants, dit le petit-neveu du vidame, servie dans un plat de vermeil, garni de saphirs!

Oh! les vantards! oh! les faiseurs d'hyperboles! Oh! les gascons! Oh! les poseurs de lapins!

Ils restaient là, charmés, buvant, regardant, allumés de mille-et-un désirs irrésistibles, disaient-ils, et c'était tout ce qu'ils savaient faire.

Le temps marchait toujours. — Hélas! on entendit sonner minuit à la pendule, minuit, heure de la fermeture du café élégant, et le mari n'arrivait pas, et les signes d'impatience redoublaient chez l'inconnue, et l'on finit par lui présenter l'addition, cette carte des restaurants que Suzanne Lagier a si bien surnommée: *la Douloureuse.*

— Total: quarante-quatre francs, 25 centimes.

— Mais, dit la belle du ton d'une perruche

éplorée, mais c'est mon mari qui a le porte-monnaie commun sur lui, et mon mari ne revient pas !

Ici le chef de l'établissement, tout à l'heure si poli, changea en même temps de figure et de langage. Les écailles venaient de lui tomber des yeux. Il comprenait à la fin qu'il n'y avait pas de mari ou bien qu'il ne s'agissait que d'un mari chimérique, forgé par la belle pour la circonstance. Et comme c'est un homme d'ordre, qui n'attache pas ses chiens avec des saucisses, il montra les dents et dit :

— Tant pis, madame : si la carte n'est pas payée dans cinq minutes, il faudra aller au poste ou chez le commissaire de police.

Ils étaient encore là, je vous l'ai dit, les petits-fils des Croisés. Ducs, marquis, comtes, barons, chevaliers, où était donc votre ardeur romanesque d'il y a dix minutes ? Comment ! vous parliez de château-yquem, dont la bouteille coûte trente francs ; vous parliez d'offrir une omelette aux diamants, un plat de 25,000 francs, servi sur du saphir, encore 25,000 francs, et cette adorable étrangère, que vous convoitiez, était en panne pour un peu plus de deux louis, et pas un de vous ne s'est levé en faisant un signe de la main comme pour dire :

— Je prends ces quarante-quatre francs, 25 centimes sur mon compte !

O descendants des vieilles races aristocratiques, comme vous êtes vraiment descendus !

Mon Dieu, les choses ne se sont pas arrêtées là. — Cette belle personne a été conduite au poste par le maître, escorté de deux garçons.

A huit jours de là, elle comparaissait en police correctionnelle, sous l'accusation d'escroquerie.

— Votre nom ?

— Femme Lespédès.

— Vous êtes accusée de vous être fait servir au café *** un dîner somptueux.

— Un simple Balthazar, monsieur le président.

— Un festin scandaleux, vous dis-je. Total : quarante-quatre francs, 25 centimes. — Est-ce le chiffre exact ?

— Oui, monsieur le président.

— Et en entrant dans ce café, vous saviez n'avoir pas de quoi payer. Escroquerie au premier chef.

Néanmoins un petit avocat frisé, nommé d'office, plaida les circonstances atténuantes.

La femme Lespédès n'a été condamnée qu'à un mois de prison. — L'organe du ministère public en demandait trois.

En prison, ducs, marquis, comtes et barons, en prison, cette belle personne dont la seule vue grisait vos jeunes yeux d'amour! Eh! qu'y fera-t-elle? Qu'y deviendra-t-elle? Un chapitre terrible de *l'Ane mort et la femme guillotinée* me revient, à ce sujet, en mémoire. Ah! que Jules Janin a rencontré par là une navrante histoire, un épisode de réalisme avant la venue des réalistes? Un porte-clé de prison, un être brutal, illettré, abject, trouve en prison à se repaître d'une éblouissante héroïne de roman. Et qui sait si ce n'est pas ainsi que se terminera l'histoire du dîner fin?

Gasconnade de la destinée!

XXI

UN BAL DE MILLIONNAIRE

E soir-là, Éric était allé au bal. Un petit carton-porcelaine le poussait chez un gros banquier de la rue du Helder, qu'il avait toute raison de ménager.

On dansait au piano.

Il y avait de fort jolies filles.

Trois Américaines venues des bords de l'Ohio faisaient surtout fureur.

On disait dans les groupes :

— Voyez donc combien elles sont belles !

— Les grands yeux !

— Les superbes cheveux !

— Les magnifiques épaules !

Très peu danseur, fort distrait, assez sérieux, Éric faisait le tour des salons, afin de se donner une contenance.

— Je m'en irai à minuit juste, se disait-il *in petto*.

A minuit moins un quart, il allait au buffet pour se rafraîchir. Là, il fit tout à coup la connaissance d'un personnage assez bizarre. L'inconnu était de haute taille, figure maigre, pâle, mais des plus correctes. Il y avait sur les lèvres fines un intraduisible sourire. Les yeux lançaient du feu par intervalles.

— Vous ne dansez pas, monsieur, dit cet étranger à Éric. Qu'êtes-vous donc venu faire ici ?

— Remplir un devoir de politesse, puisqu'on m'a invité. — Et vous, monsieur ?

— Moi, c'est différent. Je suis venu voir si le personnel est toujours le même qu'il y a cinq cents ans.

— Que dites-vous là ? Vous êtes déjà venu à Paris, à l'époque du moyen-âge ?

— J'y suis venu bien avant. J'y étais lorsque Lutèce n'était encore qu'une halte de boue, fréquentée par deux cents pêcheurs, du côté de Bercy. J'y reviendrai, en l'an 2500, lorsque, suivant le mot de P.-J. Proudhon, Paris ne sera plus qu'un désert, comme Tyr et Babylone.

— Ah çà ! si ce que vous dites est vrai, qui êtes-vous ? A qui ai-je affaire ? Êtes-vous donc le diable ?

— Puisque tu as trouvé du premier coup, je ne te démentirai pas, dit l'étranger à Éric. Eh bien, oui, je suis le diable, mais le diable de Frédéric Soulié. En moi, n'est-ce pas? tu vois un gommeux du jour, bien habillé, cravaté suivant la mode, chaussé d'une façon irréprochable, ayant à la main un lorgnon à l'aide duquel on verrait à travers les murs.

Éric était stupéfait.

— Pas d'étonnement, reprit le fashionable des enfers, rappelle-toi la devise qui est au-dessus de ta table de travail : *Nil mirari*. Ne s'étonner de rien ; — ne rien admirer. — Eh bien, malgré ça, tu es toujours un naïf. Je t'ai bien observé ; tu ne vois pas clair dans cette fête à laquelle tu assistes.

— J'y vois des gens qui dansent, qui rient, qui jasent, qui se rafraîchissent, qui s'amusent.

— Je disais bien ; tu ne sais pas voir clair. — Voyons, une preuve. Veux-tu?

— Sans doute, je veux bien.

— Commençons donc par le maître de cet hôtel, par celui qui donne ce bal. Vois combien, tout en souriant, il a l'air soucieux. Suivant toi, qu'y-a-t-il?

— Il regrette peut-être déjà les billets de banque que lui coûte cette fête.

— Tu n'y es pas. Il y a, en effet, des maîtres de maison ladres à ce point; mais le banquier Z***, chez qui nous sommes, n'a pas de ces sottes manies; il est riche et magnifique, et s'inquiète surtout de réunir la plus brillante société de Paris, du moins quant à l'apparence. Ainsi, il donnerait deux hommes de génie médiocrement vêtus pour un sot bel homme. Voici comme il rédige ses listes d'invitation :

1° Madame d'A***. Ce n'est pas une femme d'esprit, mais elle est toujours très décolletée, et ses épaules sont magnifiques.

2° Madame B***. Peu d'épaules, mais elle exhibe pour 200,000 francs de diamants.

3° Madame Z***. Ni diamants, ni épaules, mais des robes d'une richesse féerique, et la meilleure couturière de Paris.

4° M. L***. Belle barbe.

5° M. O***. *Idem*, quoique passée à l'eau de teinture.

6° M. M***. *Dito*. Je la crois postiche; mais la nuit on ne s'en aperçoit pas : il faut l'œil du maître pour le deviner.

Comme supplément à ces études préliminaires, le banquier, quinze jours avant d'envoyer ses lettres, dit à ses intimes : « Donnez-moi donc la liste des » gens que vous recevez ; faites-moi le plaisir de me » prêter quelques diamants et quelques barbes, à » charge de revanche. »

— Fort bien, dit Éric à son inconnu, et si je ne me trompe, le millionnaire fait en ce moment l'inspection de ses diamants, de ses épaules et de ses barbes.

En ce moment, l'amphitryon passa près des deux causeurs.

— Eh bien! cher monsieur, lui dit le diable, je vois ce qui vous attriste; les jeunes gens d'aujourd'hui sont quelquefois de grossiers personnages; ils préfèrent souvent aux suaves odeurs d'un riche salon la fumée du cigare et les miasmes de l'estaminet. A votre compte, il vous manque deux barbes.

— Silence, cher ami, vous allez perdre mes soirées de réputation, répondit le banquier, dont le visage, d'abord rembruni, s'éclaircit tout à coup. Puis il continua sa promenade autour des salons, adressant les galanteries d'usage à ses épaules, à ses pierreries et à ses robes.

— Regarde donc, s'écria tout à coup l'inconnu, ce jeune homme qui circule dans la foule comme une âme en peine. Je vais te conter en deux mots comment il se trouve ici. — Avant-hier, le banquier reçut la lettre suivante :

« Monsieur le financier,

» Je n'ai pas l'honneur d'être connu de vous, mais je sais que vous donnez un bal après-demain. Il est de la dernière importance pour moi d'y assister. En m'envoyant une lettre d'invitation, vous pouvez contribuer au bonheur de ma vie entière, comme aussi vous pouvez, en me la refusant, me rendre le plus malheureux des hommes. Bien que je n'aie aucun titre pour solliciter une telle faveur, laissez-moi espérer que l'étrangeté même de cette demande vous fera apprécier la force des motifs qui l'ont dictée et l'importance du service qu'il tient à vous de me rendre.

» J'ai l'honneur, etc., etc.

» Ovide du Treillis,
» *Surnuméraire à l'auditorat du Conseil d'État.* »

Comme tout homme d'esprit devait le faire à sa place, le financier répondit par une lettre d'invitation. Mais voilà notre jeune homme qui l'aborde pour le remercier... Échange de compliments... Le jeune homme est bel homme... Le millionnaire se félicite d'avoir cédé à un mouvement de générosité; il accepte intérieurement l'inconnu pour remplaçant d'une des deux barbes qui lui manquent. C'est ainsi qu'une bonne action trouve toujours sa récompense. N'oublie jamais ce précepte-là, mon ami. Maintenant il serait facile de surprendre le secret du jeune homme. Je soupçonne cette jeune personne, qui mordille là-bas son bouquet, d'en savoir au moins autant que nous là-dessus. Mais tournons l'œil d'un autre côté; il est toujours indiscret de regarder attentivement une femme au théâtre ou au bal; on s'expose par là à lire à livre ouvert dans cette grammaire d'hiéroglyphiques qu'on appelle le cœur.

Chez une femme occupée, tout geste a une signification. Cet imperceptible mouvement des lèvres, ce pied qui s'avance, cette main qui ramène une boucle de cheveux, cette manière de sentir son bouquet, la pose de la tête, un doigt qui s'agite, tout cela veut dire, suivant la circonstance : « — *Venez* » *demain.* — *Vous me trompez.* — *Je serai tel* » *jour au Théâtre-Français.* — *Pourquoi avez-* » *vous rendu visite ce matin à madame X...?* — *Vous* » *avez tort d'être jaloux.* — *Je dînerai jeudi chez* » *ma tante,* » etc., etc., etc. On a déjà donné je ne sais combien de définitions de la femme, moi je la définirais tout simplement : un télégraphe mignon, bâti de fleurs et de gaze, mais tout à fait officiel malgré cela.

Ici l'infernal bavard s'interrompit pour montrer à Éric un jeune homme qui venait d'entrer.

— Voilà, lui dit-il, une variété de la grande espèce des êtres qui fréquentent les salons en hiver. Ce particulier-là n'est invité nulle part, mais il s'introduit partout à titre de bel homme, et, grâce à une ruse qui consiste à entrer en même temps qu'une dame et sa compagnie, pour faire croire que la dame l'a amené. Assez souvent la ruse lui réussit, mais quelquefois aussi on le met à la porte. Ce soir, malgré son audace, il est un peu déconcerté, le visage du maître de la maison lui paraissant de mauvais augure. Puisse sa barbe le préserver de toute infortune ! Justement il en manque encore une au banquier.

Tout en causant, l'inconnu lorgnait de côté et d'autre.

— Regardez donc, dit-il à Éric, cette petite fille qui écrit sur son memento de bal ; elle ne connaît pas par leurs noms la plupart des cavaliers qui l'invitent, et, pour les reconnaître, elle a recours à des désignations qui ne flatteraient peut-être pas infiniment leur amour-propre.

— Tu vois cela d'ici ? lui dit Éric.

— Il ne tient qu'à toi de le voir aussi bien, répondit-il ; prends ce lorgnon.

Un lorgnon comme celui dont madame Émile de Girardin, première du nom, a écrit l'histoire.

A l'aide de ce verre magique, voici ce qu'Éric lut sur la nacre du carnet :

Quadrilles N° 1. *Le monsieur qui a un œil plus petit que l'autre.*
— 2. *Le monsieur aux grandes dents.*
— 3. *Le monsieur bête.*

Peu à peu, les désignations prenaient un caractère plus concis ; on eût dit des notes écrites par la fille ou la nièce de Tacite.

Quadrilles N° 4. *Le camélia à la boutonnière.*
— 5. *Le petit maigre.*
— 6. *Le pâle.*
— 7. *Le nez de perroquet.*
— 8. *Le gros monsieur qui a chaud,*
Etc.

— Ah çà ! dit Éric au maître du lorgnon, il faut décidément que tu sois le diable en personne.

— Encore une fois, il y a longtemps que tu aurais dû t'en apercevoir. Et d'abord, je te l'ai déjà dit. Oui, je suis le diable !

— Je m'en doutais bien un peu, mais, à parler franchement, je te trouvais trop beau pour cela.

— A cause de ces sottes peintures qui me montrent vieux, laid et tout en griffes ? Les gens qui me représentent ainsi ne me comprennent pas. Qu'est-ce que le diable, si ce n'est tout ce qui plaît, séduit et charme ? La vertu, au contraire, n'est pas toujours attrayante, et c'est l'ange, au lieu du diable, qu'on devrait peindre sous l'apparence de quelque gredin sec comme un os, ou d'une vieille édentée et rabougrie. Mais, par un contre-sens déplorable, c'est à l'ange que l'on prête la beauté. Eh bien ! quelque beau qu'on se le figure, un ange ne le sera jamais assez pour représenter dignement un démon.

— Ma foi, lui dit Éric, quelque diable que tu sois, cela ne m'empêchera pas de te raconter un souvenir qui me revient à propos du memento de cette jeune personne. Au temps heureux où je vivais encore sous le toit paternel, une jeune fille de la campagne entra au service de la maison ; ma mère l'envoyait tous les jours au marché. A la fin de la semaine, il fut question d'une vérification de comptes. La bonne va chercher le cahier où elle avait inscrit ses achats quotidiens. Ma mère l'ouvre et distingue avec étonnement sur les premières pages une multitude de signes à peu près hiéroglyphiques, à l'exception de la colonne des chiffres qui avaient gardé la forme ordinaire.

— Qu'est-ce que c'est que cette plaisanterie? dit ma mère.

— Ce n'est pas une plaisanterie, madame, répond la servante; je vais vous lire tout ce qui est inscrit sur le cahier, article par article.

— Œufs, 12 sous. (*Les œufs étaient représentés par trois petits ronds à la plume, disposés en triangles comme les billes de billard sur les enseignes des estaminets.*)

— Canard aux navets, 3 fr. (*Le canard était représenté par une espèce de zig-zag, qui pouvait à la rigueur donner l'idée d'une aile d'oiseau.*)

— Ce zig-zag veut dire canard aux navets?

— Oui, madame.

— Et s'il n'y avait pas de navets, mais seulement un canard?

— Alors la pointe de l'aile, au lieu *de tirer* par en haut, tirerait par en bas.

— C'est clair. Et ces deux lignes perpendiculaires et écrasées à la base?

— Ça, madame, c'est des cornes; ça signifie bœuf, autrement dit pot-au-feu.

Le reste de la page était couvert de signes semblables. La pauvre fille ne sachant pas écrire s'était créé une sorte de calligraphie à son usage particulier.

— Ce que j'admire là-dedans, ajouta le diable, c'est qu'il peut arriver que ce manuscrit se perde, et que, retrouvé dans quelques siècles par des savants, il passe pour le cahier de notes de quelque élève de Champollion, et serve à prouver que, de notre temps, les cours d'hiéroglyphes de la Bibliothèque n'étaient pas absolument dénués d'auditeurs... Mais il est déjà deux heures, ajouta-t-il en tirant sa montre; on me réclame dans un salon du faubourg Saint-Honoré, et je ne veux pas me faire attendre. L'exactitude est la politesse du diable.

Il partit, mais en disant à Éric :

— Sois tranquille, je ne t'oublierai pas. Dans cinq cents ans d'ici, je viendrai te chercher où tu seras pour te mener à un raoût que donnera le 254ᵉ descendant ud baron de Rhotschild, à l'endroit où est maintenant la forêt de Sénart, c'est-à-dire dans un palais de marbre, de stuc et de porphyre.

XXII

CELLE QU'ON ARRÊTE

―

Au nom de la loi !
(Tous les Commissaires de Police.)

Dans un des plus élégants quartiers de Paris, une dame âgée mais nullement respectable, ouvrait aux fils de famille, aux impures plus ou moins jolies, aux joueurs de profession, un salon splendidement meublé. La maîtresse du logis se vantait tout haut d'être sinon protégée, au moins tolérée par la police, grâce au puissant patronage de beaucoup d'hommes considérables. Ce qui prouve qu'elle mentait, c'est que, la semaine dernière, au moment où tout ce monde charmant de dupes, d'escrocs, de courtisanes se pressait avec une avidité fiévreuse autour d'un tapis vert, trois coups retentirent sourdement à la porte. Le domestique trompé par ce signal convenu s'empressa d'ouvrir, et l'on vit entrer, au lieu d'un des habitués qu'on attendait, le redoutable agent de l'autorité, d'un pas ferme et grave, un flambeau à la main, comme la statue du Commandeur.

Tous ces chevaliers, toutes ces demoiselles d'industrie, demeurèrent bouche béante, cloués sur leurs sièges, dans l'attitude bête du désappointement et de la surprise. On procéda par ordre et comme il est d'usage en pareilles rencontres : on confisqua les enjeux, on séquestra les personnes. La maîtresse de l'élégant tripot fut interrogée d'abord, puis ses nobles invités l'un après l'autre, à l'écart; le mobilier fut mis sous les scellés. Le lendemain quelques baronnes au titre usurpé, quelques princesses au sobriquet bizarre durent prendre le chemin de la préfecture, et on leur offrit, dit-on, des diplômes qu'elles n'avaient nullement sollicités.

Maintenant l'affaire suivra son cours, quoi qu'en dise la maîtresse du tripot, dont l'habileté égale l'impudence. On n'étouffera point les poursuites commencées, nous en répondons, malgré ses démarches, ses cajoleries, ses intrigues, malgré les protections qu'elle affiche, les intérêts qu'elle ameute, les complices qu'elle effraie par la menace de révélations foudroyantes. Le magistrat qui préside à la sûreté de Paris ne se laissera ni fléchir ni surprendre, et cette immense ville qui a la prétention de passer pour la plus polie et la plus civilisée de l'univers, ne deviendra pas une caverne exploitée par des *grecs* de bonne maison et des effrontées de mauvais lieu.

Le jeu est de toutes les passions la plus universelle, de tous les vices celui qui a jeté dans notre société corrompue les plus profondes racines. Désespérant de l'extirper tout à fait du monde, le législateur avait tâché de le régler, de le surveiller, d'empêcher au moins l'escroquerie et la spoliation, et d'attacher par la publicité une espèce de honte et de flétrissure aux vicieux qui fréquentaient ces salons de tolérance, sans aucun espoir de cacher leur conduite et sous le contrôle incessant de la police. Mais les philanthropes sont venus plus tard qui ont prétendu que le gouvernement faisait acte d'immoralité en empêchant les gens d'être volés dans les maisons de jeu ; que régler et surveiller le vice, c'était en quelque sorte l'autoriser et le reconnaître, et que mieux valait se laver les mains de toutes ces souillures et de toutes ces immondices. On ferma les maisons de jeu. Pour être conséquent, on aurait dû fermer d'autres maisons plus infâmes encore, car il est aussi immoral de défendre la bourse des joueurs que de protéger la santé des libertins.

On a supprimé les jeux publics, on a défendu même de les annoncer, et, sous Louis-Philippe, M. Armand Bertin, directeur du *Journal des Débats*, a été condamné à perdre ses droits civiques, pour avoir laissé dire, dans son journal, à la quatrième page, ce que tout le monde sait, qu'à Hambourg et à Bade on jouait des jeux défendus. On a fermé les salons Frascati, mais on joue partout et partout on triche, on vole impunément. On ne se contente plus de prendre au joueur l'argent qu'il a sur lui ; on lui fait crédit, on le ruine sur parole. « — Faites-moi votre billet, monsieur. » — Si c'est un fils de famille, encore mineur, peu importe. « — Faites tout de même votre billet. Nous savons que monsieur votre grand-père a un fort asthme : l'échéance arrivera vite. » A celui qui se hasarde dans ces salons nocturnes, on prend tout, son argent, son avenir, son nom, le nom des siens, son honneur, sa santé. Il est exposé, d'abord, à être dupé par des virtuoses de la dame de pique, nullement surveillés. Il est circonvenu ensuite par des sirènes dont il devient immanquablement la victime. En troisième lieu, il est pris, de même que tous ceux qui se trouvent là, dans un coup de filet de la police, dénommé dans des procès-verbaux qu'on garde aux archives, jeté dans un fiacre qui le mène à la Conciergerie et livré pour sa vie entière au souvenir de s'être frotté, une nuit, à ce qu'il y a de plus ignoble à Paris.

Tout à l'heure j'ai parlé de femmes qu'on rencontre dans ces antres charmants du Baccarat. En général, ce sont de malheureuses déclassées auxquelles l'avidité d'une matrone fait jouer le rôle de Circés. Il faut, premièrement, qu'elles charment les compagnons d'Ulysse, et, en second lieu, qu'elles les changent en pourceaux. Il en est de fort jolies. Quelques-unes sont déjà mûres, mais c'est l'exception. La matrone sait qu'il en est des joueurs comme de l'ogre des contes de Perrault, c'est-à-dire qu'ils aiment la chair fraîche. C'est pourquoi elles pratiquent d'ordinaire leur recrutement parmi les petites niaises de Saint-Flour ou les vestales de Falaise qui débarquent dans la capitale. Les sirènes sont presque toujours des gardeuses de dindons, décrassées de la veille.

Une nuit, en 1869, au commencement de l'hiver, M. Bérillon, commissaire spécialement préposé à la capture des descendants d'Agamemnon, le roi des Grecs, tomba avec son escouade au milieu d'un salon où l'on jouait le lansquenet en grand. Ceint de son écharpe, parlant au nom de la loi, il déclara, dès les cinq premiers pas faits par lui, faire une rafle sans grâce ni miséricorde sur tout ce qu'il y avait là. En tout, il s'y trouvait en grande toilette, dix hommes et dix femmes, non compris les gens de service.

— Mais, monsieur, disait la maîtresse de la maison d'un air plein de dignité, de quoi vous mêlez-vous ? Il y a méprise, je vous en préviens. Cette demeure n'est pas une maison de jeu ; c'est une maison honnête. N'ai-je donc pas le droit d'avoir chez moi, passé minuit, vingt invités de l'un et de l'autre sexe ? Tout à l'heure on s'est amusé avec des cartes; dans dix minutes, on devait danser au piano. Où donc est le mal, je vous prie?

Au fait, comme l'argent, l'or et les billets qui servaient d'enjeu avaient disparu à la première appréhension de son approche, M. Bérillon était fort embarrassé. Sans doute ses renseignements étaient précis; il savait bien que ce salon si fort éclairé était un tripot, un coupe-gorge, mais comment en administrer la preuve?

Il ne restait qu'un moyen : l'interrogatoire de de tous ceux qui étaient présents, hommes et femmes.

L'interrogatoire! un faible expédient. Cette duègne était une fine mouche. Nulle n'a été plus ferrée à glace sur les secrets du métier. Au préalable, elle avait su faire la leçon à son monde. « — Voilà la réponse qu'il sera bon de faire. N'en sortez pas. » Et, en effet, sur toute la ligne, parmi les *invités*, il n'y avait qu'une réplique invariable et très ferme : « — Madame Saint-Remy m'a fait l'honneur de m'inviter à venir danser en rond chez elle et j'ai accepté. On a joué aux cartes? Mon Dieu, oui! Ah çà, où ne fait-on pas un lansquenet dans Paris, monsieur? »

On voit d'ici la tête du commissaire. Un renard pris par une poule. Sur les vingt personnes, dix-neuf avaient répondu, mais de manière à rendre illusoire l'intervention de la police. C'était à se passer son écharpe autour du cou pour se pendre. Mais attendez! Qui ne sait le proverbe : « On ne s'avise jamais de tout? » Il restait à interroger une vingtième personne, la dernière. Celle-là était une jeune femme, pas encore même; elle était presque toujours une jeune fille, une gardeuse de dindons à peine déniaisée.

Florine gardait ses volailles dans les environs de Sancerre. Passa une troupe de saltimbanques. Ses oies et ses dindons étant couchés, elle regarda les tours, à la chandelle. Florine fut émerveillée. Dans la bande, il y avait un petit frisé ayant l'air d'avoir le diable au corps. Ce petit monsieur excellait à faire le saut de carpe et il avalait les sabres comme pas un. C'est pourquoi il donna dans l'œil à la bergère. Le lendemain, plus personne pour mener les oies aux champs; Florine suivait le clown au chef-lieu de canton et du chef-lieu de canton à la ville.

Tout cela dura jusqu'à Orléans, cité fameuse à cause d'une pucelle. Il s'était écoulé trois semaines. En matière d'amour, c'est beaucoup. Dame, les cœurs d'artistes sont capricieux. Que voulez-vous que je vous dise? Tout à coup le petit monsieur qui avalait des sabres lâcha Florine. Peut-être était-ce pour une grande dame; qui sait? peut-être pour une duchesse.

Florine, éplorée, vint à Paris.

Une marchande des quatre saisons qui la rencontra sur la place de la Bastille, voyant sa belle tignasse dorée et ses yeux bleus, lui dit en souriant :

— Prenez garde, ma petite. Vous m'avez bien l'air d'une enfant qui marche sur le chemin des filles perdues.

— Une fille perdue, j'en suis une, en effet, répondit la paysanne, car je ne sais où je vais.

Et, en s'avançant vers la marchande :

— Madame, puisque vous avez tant fait que de m'adresser la parole, apprenez-moi, je vous prie, où je pourrais retrouver Fernand ?

— Qu'est-ce que c'est que ça, Fernand ?

— Un petit frisé qui a pour métier d'avaler des sabres.

La marchande lui tourna brusquement les talons en se remettant à crier à tue-tête. — *Deux d'un sou la reinette ! deux d'un sou !*

Florine n'était pas que jolie, elle avait tous les charmes de la petite fleur des champs, ainsi que l'exigeait son nom. Partout où elle allait, elle demandait Fernand, le clown, et partout on lui riait au nez. A la fin une vieille s'arrêta près d'elle, au coin de la rue et lui dit à demi-voix.

— Venez avec moi, mon enfant ; je sais où il est ; je vous le ferai voir.

Ah ! les vieilles de Paris !

Ce fut très peu de temps après que Florine fut pour ainsi dire transformée. Elle avait une de ces robes de soie bleue qui vont si bien aux blondes. A chacune de ses deux oreilles un bouton de diamant. Sur sa tête, charmante comme si elle eût été dessinée par Greuze, un chapeau de dentelles, avec des bleuets et une petite branche de lilas blanc. On regardait ses pieds chaussés de satin. Imaginez Peau-d'Ane après le coup de baguette de la fée, sa marraine. On disait de tous côtés :

— Certainement c'est une petite dinde, mais c'est une adorable petite dinde.

Quand elle comparut devant M. Bérillon, elle commença par trembler comme la feuille. Un commissaire de police, et en écharpe encore! Qu'allait-on lui faire? Est-ce qu'elle avait fait du mal en venant dans cet endroit-là, avec ces beaux messieurs et ces belles dames? Elle espérait bien, pourtant, que, rien que pour ça, on ne la ferait pas monter sur l'échafaud. Enfin elle ne demandait qu'à s'en aller, en promettant de ne plus le faire jamais de la vie.

— Il ne s'agit pas de tout ça, reprit le commissaire. Voyons, mademoiselle, pourquoi êtes-vous ici? Qu'est-ce que vous êtes venue y faire?

— Moi, monsieur? Rien du tout.

— Allons, dites tout. Comment avez-vous été embauchée?

— Voilà. Madame Saint-Rémy est venue à moi et m'a dit : — « Petite cruche que vous êtes, est-ce » que vous allez vous esquinter à penser toujours » comme ça à votre animal de clown? Faut plus » pleurer; ça brûlerait vos yeux. Le remède à l'a- » mour malheureux, c'est de se distraire. Lisez le

» livres : ça y est écrit. — Bon ! dis-je, mais com-
» ment est-ce qu'on s'y prend ? — Tiens, venez chez
» moi tous les soirs. Beaux salons, musique, colla-
» tion, belle société. Y a des princes russes. — J'ai-
» merais mieux mon petit frisé. — Y a des Brésiliens.
» — J'aimerais mieux Fernand. — Y a le dessus du
» panier des fils de famille. Tous ces messieurs-là,
» ils ont le sac et ils *éclairent* les femmes comme
» vous. — J'aimerais mieux mon avaleur de sa-
» bres. » N'importe, j'ai fini par accepter ; je suis
venue chez madame Saint-Rémy.

— Depuis combien de temps ?

— Depuis deux mois.

— Qu'y fait-on ?

— On y *rigole* tout le temps, — quand on ne joue pas.

— Qu'appelez-vous *rigoler* ?

— Rire, prendre des glaces, s'amuser, dire des bêtises, danser.

— Mais ces messieurs jouent ?

— Toutes les nuits, régulièrement.

— A quoi jouent-ils ?

— Au lansquenet, au bac, au chemin de fer.

— Ils jouent beaucoup à la fois ?

— Dame, oui. L'or, l'argent et les billets sont en tas. On appelle ça : *la braise*.

— On en donne aux dames ?

— Sans doute, ceux qui gagnent. Sans quoi, comment avoir de la toilette ?

— C'est juste. Et madame Saint-Rémy, que lui donne-t-on ?

— Dame, à chaque partie, il y a un droit pour *la cagnotte*.

— Fort bien, répliqua le commissaire. En voilà assez.

Et il dressa procès-verbal, et toute la chambrée fut mise sous la main de la justice, pour vingt-quatre heures, au moins.

Quant à la Saint-Rémy, elle était furieuse contre Florine :

—C'est cette petite dinde qui a *mangé le morceau*, disait-elle.

— Tiens, répliquait l'ingénue, pourquoi m'avait-elle f... dedans en me promettant de me faire revoir mon petit frisé ?

XXIII

LA MAIN COUPÉE

Il y avait, une fois, à Bagdad, un calife de la dynastie des Abassides, nommé Sandjar.

Un jour, après déjeuner, comme le pilau au riz et au safran qu'on lui avait servi ne passait qu'avec peine, il consulta son médecin.

— Altesse sérénissime, lui dit l'homme de l'art, ce qu'il y a de mieux quand on digère mal, c'est d'aller à pied. C'est pourquoi je vous conseille de marcher une heure ou deux.

Sandjar prit avec lui trois de ses courtisans et s'en fut faire un tour sur les bords de l'Euphrate.

Il en est volontiers de l'Euphrate comme de tous les fleuves historiques. Il a un beau nom, mais il n'a presque point de poissons.

Néanmoins le calife se mit à contempler un homme qui était occupé pour le moment à jeter son filet dans l'eau.

— Voilà un pêcheur bien convaincu, pensait-il.

Cet opiniâtre, en effet, se trouvait là depuis le chant du coq. Il avait déjà jeté son filet deux cent quarante-sept fois dans l'Euphrate, et il n'avait encore pris que trois ablettes.

— Il ne faut pas te rebuter, lui dit le sultan ; remets-toi donc à la pêche. Je te jure qu'elle sera fructueuse.

En entendant ces paroles, le pauvre diable s'imagina que le souverain lui disait :

— Va donc toujours. Si tu ne ramènes rien, je te donnerai la pièce ronde, moi.

Il obéit donc et ne tarda pas à se dérider.

En voulant retirer son filet, il vit qu'il y avait résistance. La pesanteur le faisait sourire d'aise.

— Allons, reprit le calife, qu'est-ce que c'est ça ? Un saumon ? Une anguille ? Une carpe ? Un brochet ?

Rien de tout cela. C'était un sac de cuir dont l'ouverture était cousue avec un soin particulier.

— Giaffar, reprit le calife en s'adressant à l'un des trois officiers d'état-major qui l'accompagnaient, prenez votre canif et mettez-vous à découdre à peu près la moitié de l'ouverture de ce sac.

Giaffar savait que toute parole du prince était un ordre. Sans prendre même le temps de répondre oui, il obéit.

— Que peut-il y avoir dans ce sac? se demandait le calife fortement intrigué. Des lettres d'amour ou bien un stock de pierreries?

Il s'y trouvait bien des pierres, mais c'étaient des pierres vulgaires, semblables à celles qui forment le soubassement des carrières de Montmartre.

En plus, il y avait une main dont les ongles teints en rouge et les chairs encore sanglantes firent juger que c'était celle d'une jeune femme.

On pense bien que ce spectacle fit frémir d'horreur le calife Sandjar.

— Comment! s'écria-t-il, voilà que l'Euphrate, ce fleuve tant célébré dans les vieux cantiques, au lieu de paillettes d'or, moi régnant, se met à rouler des mains coupées, des mains de femme?

Il se prit alors à regarder ses courtisans, qui ne crurent pas devoir se dispenser de tressaillir tous les trois d'un triple frisson.

— Mais, reprit le souverain, qu'est-ce que c'est donc que ma capitale, s'il peut s'y passer de pareilles atrocités? Je paie mille bourses par an à mon préfet de police pour qu'il veille à la sûreté publique. Giaffar, prenez vos jambes à votre cou et allez me chercher le préfet. Nous éprouvons le besoin de lui faire publiquement une scène de la vie privée.

A vingt minutes de là, le fonctionnaire arriva tout tremblant devant le prince qui lui reprocha amèrement sa négligence.

— Vous me volez mes mille bourses! lui dit-il.

Vous aurez affaire à moi. Je vous ferai clouer à la porte du palais par les deux oreilles ou manger par les crocodiles du fleuve. En attendant, prenez ce sac. Montrez-le à tous les maroquiniers de la ville. Il faut qu'aujourd'hui même vous sachiez qui l'a fait.

Comme le magistrat tenait à ses deux oreilles, il fit toutes les diligences possibles. Il cherchait donc l'auteur du sac.

Enfin, un vieux commerçant, après avoir considéré l'objet, dit qu'il le reconnaissait et qu'il l'avait vendu, peu de jours auparavant, à un homme assez mal famé du nom de Djémil.

— Qu'on amène ce Djémil sans retard, s'écria le préfet.

Le mauvais sujet avoua alors qu'il avait fait l'acquisition pour le compte d'un brocanteur appelé Hassoum.

On s'empressa d'aller quérir Hassoum, le brocanteur.

— Soleil de Bagdad, dit le marchand de bric-à brac au préfet, le sac n'était pas pour moi, mais pour un des intendants du palais, c'est-à-dire pour Noureddin-el-Hamy.

Noureddin-el-Hamy se présenta à son tour.

— Rien de plus simple, dit-il. Notre sublime calife Sandjar a un fils auquel il nous a cent fois recommandé d'obéir comme à lui-même. Tout le monde s'incline donc au nom de Moustapha-ben-

Sandjar. Or, son favori Giaffar est venu à moi et m'a dit: « Il faut à l'émir un sac de cuir mystérieusement acheté et qui, à force de passer de main en main, ne puisse pas indiquer l'endroit d'où il viendra. » C'est pour cette raison que je l'ai demandé au brocanteur, lequel l'a fait venir par le mauvais sujet, lequel est allé l'acheter chez le fabricant de maroquins.

— Allons, qu'on appelle Giaffar !

Celui-là, l'un des favoris du calife, étant au mieux avec le père, tenait à être bien aussi avec le fils, sachant que ce dernier régnerait un jour, et qu'il pourrait faire de lui-même son grand-vizir. Il résultait de là qu'il ne savait rien lui refuser.

— Son Altesse étant venue avec un grand air de mystère me demander de lui procurer un sac, j'ai dû m'arranger pour lui obéir. L'émir a ajouté: — Giaffar ! il s'agit d'une chose des plus graves, d'un roman ou d'un drame, comme tu voudras, qu'il faut que je cache à tout le monde et à mon père. Ainsi, pas un mot sur l'affaire. J'aimerais mieux être empalé que d'être découvert.

En faisant ces révélations, Giaffar tremblait comme la feuille qu'agite le vent d'automne. Cependant il n'avait pas hésité à tout raconter, sachant bien que le calife Sandjar, très sévère en matière de meurtre, n'entendait pas qu'on lui célât la vérité.

— Pour le surplus, au reste, ajouta-t-il, ô préfet,

adressez-vous au fils de notre souverain lui-même.

On fit donc appeler l'émir.

— Prince, la volonté de votre auguste père est que le mystère de l'Euphrate soit dévoilé. Le calife entend que vous répondiez comme le dernier de ses sujets. Qu'est-ce que c'est que ce sac ? qu'est-ce que c'est que cette main de femme coupée ?

Au premier moment l'Altesse se troubla, balbutia, rougit, pâlit, se moucha; à la fin, le sang-froid lui étant revenu, elle dit, en baissant les yeux :

— Monsieur le préfet, vous voyez en moi le premier et le dernier des misérables. En lorgnant le sérail de mon père, j'ai aperçu la belle Fatma. J'en ai été épris; je l'ai enlevée; je l'ai violée... Après quoi, par un raffinement de scélératesse inconcevable, je l'ai coupée par morceaux et j'ai voulu jeter sa main droite dans le fleuve, sous le couvert d'un sac, me réservant d'en faire autant pour chacun des autres membres.

Le préfet était devenu bleu de surprise et d'effroi.

Au moment où il allait ordonner l'arrestation du coupable, la porte s'ouvrit; c'était le médecin du calife qui accourait.

— Monsieur le préfet, s'écria-t-il, ne croyez pas un mot de ce qui vous a été dit. Le prince se vante. Le prince est mon élève en anatomie. Hier matin, la belle Fatma s'est étranglée en mangeant une grenade. Quand il a été bien évident qu'elle était morte, mon disciple et moi, nous l'avons disséquée.

Seulement le prince a voulu conserver le plus longtemps possible sa main droite; c'est pourquoi il lui a donné un tombeau à part, dans l'Euphrate. Voilà la vérité, toute la vérité, rien que la vérité.

Cette enquête finie, on rapporta tous les faits au calife.

Pendant le cours du récit, le souverain avait quelque peu éprouvé la chair de poule, mais la fin, tout en justifiant son fils, le jeta dans un profond ravissement. L'héritier du trône étudiait l'anatomie et aimait les belles mains. C'est un ami du progrès.

— Puisque tout finit bien, dit le père, je veux que la ville de Bagdad soit illuminée.

Et c'est ce qui eut lieu, le soir même, parole de journaliste!

XXIV

LES ABANDONNÉS

Paris ne ressemble à aucune autre ville; Paris éprouve le besoin de se passionner sans cesse pour un nouvel objet. Hier c'était pour cet intrépide voyageur suédois dont le nom est si malaisé à écrire et encore plus difficile à prononcer. Aujourd'hui, c'est pour Voituron, le pauvre mineur belge qui vient de gagner le gros lot à la loterie franco-espagnole. Un titre de 150,000 francs pour vingt sous; Voituron passe à l'état de personnage. On va faire paraître son portrait dans les feuilles illustrées.

Eh bien, non, ne cherchons pas à prendre le change : l'émotion réelle de Paris aura surtout été ailleurs. Je veux parler de l'étrange procès qui, durant deux longs jours, s'est déroulé en cour d'assises. Mademoiselle Marie Bière, ancienne chanteuse du Théâtre-Lyrique, accusée d'assassinat avec préméditation sur la personne de M. Robert Gentien, un ancien amant qui l'avait délaissée, elle et l'enfant né de ses œuvres. Voilà le véritable drame du jour. Nos auteurs en vogue, toujours en quête de moyens nouveaux, ne s'y sont pas trompés. C'est pour cette raison qu'on les a vus préférer le Palais de Justice à la Sorbonne.

Vous pensez bien que si je parle de cette affaire, je n'ai aucunement la pensée de marcher sur les plates-bandes de la Justice. Des coups de revolver ont été tirés par une jeune femme sur un homme. Il paraît même que l'un des projectiles est demeuré dans les poumons et l'autre dans les fesses, où ils peuvent d'un instant à l'autre faire naître les désordres les plus graves. Y a-t-il eu, oui ou non, crime suivant les termes du Code pénal ? C'est là ce que je n'ai pas à examiner. Faisant à main courante l'histoire des petits faits de la semaine, je ne veux voir là-dedans qu'une chose : l'attitude des gens du monde en présence de ce procès.

Il faut le dire sans barguiner : on s'est, généralement et dès le premier moment, montré sympathique à l'accusée. Premier point : Marie Bière est une femme, et une jeune femme. Notre faible sera toujours de ce côté-là. Second point : Marie Bière était délaissée, victime d'un soudain abandon. De cette double situation il résultait un intérêt romanesque incontestable. Chez nous, Agar sera toujours plus poétique que Sara. Troisième point : la manière dont les coups de revolver ont été tirés ne manquait pas d'un chic théâtral et plein de crânerie. Il y avait là-dedans un peu de ficelles dramatiques, d'accord; mais, au fond, Marie Bière jouait loyalement ce terrible jeu, puisqu'elle avait arrêté qu'elle se tuerait après avoir tué.

Ah! je sais tout ce qu'on peut dire : la loi et la morale sont d'accord pour dire à tout membre de notre ordre social : « Tu ne tueras pas. » Cette héroïne était une révoltée, partant une criminelle. La preuve, c'est qu'on l'a arrêtée sans retard, désarmée, emprisonnée et mise à la question. La preuve, c'est qu'elle a été appelée devant des juges qui ont le bourreau derrière eux. Oui, tout cela est très vrai; mais j'en reviens à mes moutons de tout à l'heure : tous ceux qui ont causé de ce sombre roman prononçaient, mentalement, un verdict de pardon.

Il y a eu là-dessus des discours, tous conçus dans le sens de l'éloquente plaidoirie de Me Lachaud. On me saura gré, peut-être, d'en avoir retenu un au passage.

C'était un sculpteur qui répondait à un jeune oisif.

— Eh bien, mon cher, vous plaignez M. Robert

Gentien; est-il donc la seule victime? Pardieu, des victimes, du côté de Marie Bière, j'en vois deux, puisqu'il y a aussi une petite fille morte, morte pour insuffisance de nourriture. Il a été blessé deux fois, dites-vous, il a encore une balle dans les poumons, une autre balle dans les fesses? Eh bien, et cette jeune cantatrice, à laquelle on a fait perdre sa voix par le fait d'une grossesse, son avenir théâtral, en se servant d'elle comme d'une amusette passagère, n'est-elle pas blessée aussi, et pour toujours? Pensez-vous qu'elle n'aimerait pas mieux avoir une once de plomb dans la poitrine que l'ineffaçable renom que toute cette aventure lui a fait? Mais vous dites: il fallait qu'elle demeurât en repos et vécût en honnête fille. Bon! mais qui donc a commencé, s'il vous plaît? Qui l'a recherchée? Qui l'a tentée? Qui lui a fait des promesses? Et après avoir tout obtenu, qui donc a imaginé de sortir d'embarras à l'aide d'un abandon?

Au reste, cette question, une jeune femme qu'un viveur séduit et qu'il rejette ensuite comme une orange desséchée n'est pas nouvelle; on l'a agitée souvent dans les romans et au théâtre. Avez-vous vu *Claudie*, un des anciens succès de l'Odéon? Dès le premier acte, George Sand y met en scène une jeune fille qui a été trompée jadis par un de ces godelureaux qu'on appelle des coqs de village; il y a même, à un certain moment, une rencontre entre l'abandonnée et le lâcheur. Rien de plus pathétique

que cette scène. Claudie aperçoit le bellâtre dont elle a eu à souffrir et elle se garde bien d'éclater en reproches. Le dédain est son arme. Quelques paroles froides comme celles d'un réquisitoire lui suffisent pour désarçonner le joli monsieur qui se fait un jeu de la vertu et de l'avenir des femmes. J'ai entendu M. Saint-Marc Girardin vanter au delà de toute expression ce mouvement du drame.

— C'est en belle prose, disait-il; si c'était en beaux vers, ça vaudrait du Corneille.

Que de drames! que de tableaux! que de romans on a faits avec cette matière : les abandonnés! La Fable et l'Histoire, ces deux sœurs qui ont tant de ressemblance, sont remplies d'épisodes qui font pleurer ou qui communiquent l'effroi. Ariane et Bacchus, Médée et Jason, Didon et Enée, Bérénice et Titus, on ne parviendrait pas à compter ces larmes. Mais il y a l'envers de la médaille, il y a les abandonnés de l'autre sexe : Vulcain et Cythérée la Blonde; Hercule et Déjanire, Samson et Dalila, Ménélas et Hélène.

Si l'on se met à faire la balance, on verra que, sous ce rapport, la femme ne doit rien à l'homme et que l'homme ne doit rien à la femme.

Aussi, en regard de cette grosse affaire de la cour d'assises, une femme trompée ou délaissée par un homme, laissez-moi, en guise de pendant, vous raconter en deux mots l'histoire d'un homme (presque un grand homme!) trompé ou délaissé par une femme.

G*** de C***, rappelons-le, est mort il y a trois ou quatre ans. Homme littéraire et politique, il avait les véhémentes passions de ceux de 1830.

De 1833 à 1840, fréquentant tous les soirs les théâtres, il avait fini par se lier fort intimement avec une des tragédiennes du Théâtre-Français d'alors. Il faisait la critique théâtrale à la *Presse*.

Cette actrice était encore une fort belle personne à l'époque où elle jouait l'impératrice Messaline, femme de Claude, dans le *Caligula* d'Alexandre Dumas (1836).

Quoiqu'il ne fût pas riche, surtout à cette époque, G*** de C***, s'imposant des privations dans l'intérêt de ses amours, avait meublé pour son idole un fort joli appartement dans le quartier Notre-Dame-de-Lorette, alors tout nouveau.

Or, une après-midi, au sortir de son journal, G*** de C*** monta les deux étages, quatre à quatre, et il sonna vivement, en méridional qu'il était.

Une chambrière accourut au bruit.

— Que demandez-vous, monsieur?

— Comment! ce que je demande, Georgette! Mais ce que j'ai l'habitude de demander tous les jours, j'imagine. Qu'est-ce que c'est que cette mauvaise plaisanterie?

— Monsieur, ce n'est pas une mauvaise plaisanterie; c'est un ordre formel de madame. Je reprends donc ma question. Que voulez-vous, monsieur?

— Eh! pardieu, je veux entrer chez ta maîtresse.

— Impossible. On ne passe pas.

Sur ce, elle fit entendre un ricanement moqueur et la porte se referma.

Tout cela fut dit et fait avec tant de rapidité, que G*** de C*** en était interloqué.

Qu'y avait-il à faire? Une scène? Un procès? De l'éclat? Il réfléchit et, en fin Gascon qu'il était, il se dit :

— Me voilà joué comme un renard qui serait pris par une poule. Le mieux est encore de garder le silence.

Et c'est G*** de C*** qui, de son vivant, nous a raconté cette histoire.

Un abandonné d'une espèce unique a été, il y a deux cents ans, le marquis de Montespan, mari de cette belle et piquante Athénaïs de Mortemart, celle des favorites de Louis XIV que le grand roi a le plus longtemps aimée. A ce délaissé on avait assigné comme séjour la ville de Perpignan, avec défense d'en sortir; il ne fallait pas qu'il pût exhaler ses plaintes au dehors. Pour bien les accentuer au dedans, le Ménélas de province s'était fait faire un chapeau *ad hoc*, surmonté d'une corne en argent. Sous cet appendice, en guise de légende, les passants pouvaient épeler ces mots, brodés en grandes lettres : *Premier cocu du roi*. Cependant comme ces quatre mots prêtaient trop à penser au peuple, il arriva un ordre de prohibition des plus formels. Le marquis de Montespan dut donc se faire faire un autre chapeau ; mais, dès le lendemain, un soudain accès de mélancolie s'empara de son âme et il mourut.

Admirable marquis de Montespan !

On lui avait proposé une pension, mais il l'avait très noblement refusée.

Il disait à qui voulait entendre :

— Je veux bien être le premier cocu du roi, mais je veux l'être gratis.

XXV

UNE HISTOIRE DE FORÇAT

DANS sa correspondance posthume, qu'on publie en ce moment[1], Jules Janin, répétant un mot de madame de Staël, dit qu'il n'y a dans la vie que des commencements. Tout commence, tout recommence sans cesse et rien ne finit. C'est ce que nous voyons tous les jours, c'est ce qui arrive en toute chose, c'est ce qui se manifeste en politique comme en littérature. Les mêmes rengaînes reparaissent, les mêmes hommes se reproduisent. En sorte que la monotonie devient la règle de notre ennuyeux état social. Et voilà comment, par exemple,

1. Février 1877. — La correspondance de Jules Janin a été recueillie par Albert de la Fizelière.

nous voyons s'éterniser le type du forçat dans le roman.

Cet homme déchu se comprenait en 1830. En ce temps-là le *cheval de retour* était un rouage du drame ou un procédé de critique. Naturellement la nouvelle École l'appelait à son aide pour servir de contraste à la pâle et insipide littérature du premier Empire et aux idylles de la Restauration. Ainsi Victor Hugo le mettait dans le *Dernier jour d'un condamné*, en se réservant même de l'employer plus tard dans les *Misérables;* H. de Balzac l'exhibait sous la figure de Vautrin, dit Trompe-la-mort, dans le *Père Goriot*, sans oublier le Ferragus des *Treize*. Avant eux, Méry avait fait de ce damné le sujet principal du *Bonnet vert*. Sous le nom de Trenmor, George Sand le plaçait à la première page de *Lélia* pour lui faire jouer le rôle d'un grand philosophe. Quant à Frédéric Soulié, il le tenait en réserve pour les *Mémoires du Diable;* Eugène Sue le popularisait en le mêlant aux scènes violentes des *Mystères de Paris*. Encore un coup, cette politique se concevait, et, d'ailleurs, de 1830 à 1852, le forçat n'avait rien d'imaginaire; c'était un être réel, qu'on voyait, qu'on écoutait, et qui, tout en sachant garder les distances, vivait sur le même pavé et dans le même air ambiant que nous tous.

Cependant l'Empire ayant recommencé, puisque tout recommence, hélas! il y eut quelque changement autour de nous. Pour légitimer la transportation et pour flétrir le plus possible les républicains transportés, Louis Bonaparte imagina de réunir les trois bagnes dans Cayenne, où il envoyait du même coup les ennemis de son attentat. Conséquence forcée, Toulon, Brest et Rochefort furent vidés. Le forçat des romanciers, des poètes et des dramaturges cessait d'être. On était donc fondé à croire que la littérature conteuse ne se préoccuperait plus de ce type étrange.

Très grosse erreur.

Rien ne finit, répétons-le. Paul Féval, Émile Gaboriau, Ponson du Terrail et les autres représentants de la romancerie populaire ont galvanisé le forçat.

Est-ce pour cela que j'ai voulu, moi aussi, vous donner un conte dans lequel se montre un galérien ?

C'était donc avant que Cayenne ne devînt un pénitencier.

Un jeune homme du monde, à gants blancs, frotté de benjoin, avait tué deux personnes en une seule soirée : sa maîtresse et le mari de celle-ci.

Sur ce, le jury l'avait condamné aux travaux forcés à perpétuité.

On l'envoya à Toulon, en le recommandant d'une manière spéciale aux gardes-chiourmes. Mais c'était un gaillard plein de ressort et animé d'une énergie peu commune. Il y avait de tout en lui : du comédien, du peintre, du mécanicien et du héros de mélodrame. Moyennant tant de qualités, il parvint à limer ses fers et à se fabriquer très proprement un costume de bourgeois. Un soir, en juillet, à la nuit tombante, il prit son essor, sortit du bagne et se jeta dans la campagne.

Rébus bizarre que le cœur humain! Il n'avait pas fait trois kilomètres qu'il se repentait. — Le canon d'alarme l'avait signalé. Où irait-il? Que ferait-il? Comment vivrait-il? Ne serait-il pas repincé au premier jour? Au bout du compte, puisqu'il était fait à cette vie infâme du bagne, à l'uniforme, au nerf de bœuf des chiourmes, à la nourriture, au langage des *fanandels*, pourquoi n'y pas persister? Pour sûr, ça valait mieux que d'être poursuivi comme une bête fauve, de vivre dans des transes continuelles et de risquer cent fois par jour d'être arrêté pour être ramené de force avec la perspective du cachot.

S'étant dit tout cela, il ajouta:

— Eh bien! il faut que je fasse ce qui ne s'est jamais fait: il faut que je me fasse ramener au pré avec circonstances atténuantes.

Auprès d'un saule, sur la berge d'une rivière, il aperçut, les pieds ballants et la tête dans les mains, un rustre qui sanglotait.

— Qu'as-tu, grand imbécile, à pleurer?

— J'ai que ma femme se meurt faute de secours, et que je n'ai pas le sou. J'ai que je n'ai pas le cœur de me f... à l'eau, et que ma lâcheté me fatigue autant que mes misères. Voilà ce que j'ai. Laissez-moi tranquille.

— On ne pleure pas, on se remue. Tu m'as l'air d'un bon diable. Les larmes n'avancent à rien : elles énervent.

— La belle histoire! C'est ce qu'ils disent tous. J'ai besoin de trente francs, et ils me donnent des conseils. Merci!

— Il n'y a pas de quoi, en effet. Mais puisque tu es si gueux que ça, que ne te mets-tu à la piste du forçat qui vient de s'évader? On a tiré le canon du fort, et si tu mettais la main sur ce scélérat, il y aurait cent francs pour le moins qui te reviendraient.

— J'y ai bien pensé quand on a fait le signal, mais le pauvre bougre, que le diable l'emporte! Le bon Dieu néglige trop les braves gens pour qu'on s'éreinte à faire quelque chose dans le sens de la justice.

— Tu blasphèmes, je crois?

— Je dis que je ne suis pas content et que ce n'est pas la peine de jouer le rôle de gendarme au profit d'une société qui ne me donnerait pas un pharmacien gratis.

— Tu parles en socialiste, maintenant !

— Qu'est-ce que ça peut vous faire? Encore une fois, passez votre chemin et laissez-moi.

— Du tout.

— Que voulez-vous donc?

— Te tirer de peine malgré toi.

— Ah! par exemple!

— C'est comme je te le dis. Il faut que je te fasse gagner cent francs.

— En quoi faisant donc? reprit le paysan qui se mit à dresser l'oreille.

— Allons, lève-toi, suis-moi chez le maire du village.

— Pourquoi faire?

— Je te dirai à l'oreille où est caché le forçat évadé.

— Vous lui en voulez donc bien à ce pauvre garçon?

— Je lui en ai toujours voulu. Voyons, gagne les cent francs.

— C'est pour tout de bon?

— Parole de... parole d'honnête homme!

Il l'emmena. En l'emmenant, il apprit que cet homme avait quatre enfants; qu'il était laborieux et infatigable.

Ils burent ensemble un verre de vin au cabaret de l'*Epée de bois*, et se rendirent ensuite chez monsieur le maire.

Quand ils furent devant le magistrat, le paysan écarquillait de grands yeux comme un homme qui ne sait pas ce qu'on veut de lui.

— Eh bien! reprit l'inconnu en riant, mets-moi la main au collet et solidement.

— Pourquoi ça, monsieur?

— Imbécile, tu n'as pas deviné?

— Ma foi, non.

— Pardieu! c'est moi le forçat du bagne de Toulon, celui qu'a signalé le canon d'alarme.

Le paysan obéit, quoiqu'en rechignant et, à dix minutes de là, il recevait la prime de cent francs qui lui donna le moyen de sauver sa femme.

Dites donc comme Molière : « Où la vertu va-t-elle se nicher? »

XXVI

LA GRANDE DAME

ET LE TÉNOR

On ne refuse rien à un ténor! — Un carrosse, un royaume pour un ténor!

Un préjugé veut qu'on ne rencontre désormais les chanteurs d'Opéra que parmi les gens du peuple. C'est pour cette raison que les dénicheurs de ténors passent leur vie à fureter à travers les faubourgs.

Paris s'est réveillé, un matin, avec des sursauts de joie. L'Opéra manquait de ténors. Cause de tristesse et de ruine pour les dilettanti et pour le commerce. Tout à coup un cri d'allégresse se fit entendre sur le boulevard des Italiens. La Normandie nous envoyait un ténor. Cet oiseau rare, M. Duponchel, tout en traversant la ville de Rouen, l'avait découvert dans un quartier populaire. C'était le tonnelier Poultier.

Poultier avait justement une voix charmante.

On le fit venir à Paris, on le mit au Conservatoire, on lui donna de beaux habits, on lui paya une bonne table, arrosée de vin moelleux; on lui donna des maîtres de toute sorte, et tout cela fait, on lui dit: « Montez sur les planches de l'Académie royale de musique. » L'ex-tonnelier monta, en effet, sur le premier théâtre lyrique du monde, ouvrit la bouche et charma Paris.

Ces natures d'élite passent vite.

Poultier le tonnelier chanta cinq ou six printemps, puis il n'en fut plus question.

— A un autre! s'écria cet infatigable Minotaure d'artistes qui s'appelle Paris.

Un autre, un second ténor était un pêcheur à la ligne, violon d'orchestre. Nous nous rappelons tous Marié, qui nous a laissé deux cantatrices de talent, ses deux filles, mesdames Galli et Irma Marié.

Il y en a eu une demi-douzaine d'autres, de professions diverses. — Que sont devenus ces ténors mis en serre chaude? — Toujours la vieille réponse: « Où sont les neiges d'antan? »

Mais le cri dont j'ai parlé se fait entendre un peu partout: « — On ne refuse rien à un ténor! »

« Un ténor! un ténor! un million et un carrosse pour un ténor! »

On tambourinerait volontiers dans les villes et dans les villages un boniment ainsi conçu :

« Plan ran plan! plan ran plan! plan ran plan!
» Ceux ou celles qui posséderaient un ténor en
» herbe sont invités à l'envoyer sans retard, sous
» enveloppe, à M. ***, directeur de l'Opéra, boule-
» vard des Capucines à Paris, lequel remettra, en
» guise de récompense, un paquet de cigares enve-
» loppé de billets de banque. »

Il existe en France vingt-quatre millions de paysans et dix millions d'ouvriers. Comment supposer qu'il n'y ait pas dans tout cela le phénix qu'on demande?

Allons, fureteurs, mettez-vous en chasse, et cependant, tout en faisant vos recherches, écoutez une histoire du bon temps, une chronique de boudoir.

Cela se passait à l'époque où l'on trouvait des ténors dans les chantiers, dans les ateliers et dans les boutiques.

Il y avait donc à l'Opéra d'alors un chanteur venant on ne savait d'où, mais qui possédait un fort beau *do* de poitrine. Ce Linus avait donné, dit-on, dans l'œil ou dans l'oreille à une grande dame de la finance. *La Marquise* de George Sand et les Mémoires du siècle passé nous apprennent que ces sortes de caprices n'ont rien de fabuleux. Sous le ministère du comté Molé, vers 1840, c'était assez bien porté.

Donc, le chanteur en question obtint un premier rendez-vous.

Je dis un premier, et ce n'est pas exact, car le second n'a pas eu lieu. Ce fut un beau jour qui n'eut qu'une veille et pas du tout de lendemain.

Voilà donc l'artiste qui court à l'entrevue promise.

Il s'agissait d'aller faire ensemble, incognito, au fond d'une calèche sans armoiries, une promenade au bois de Boulogne. Notre chanteur trouve l'infante dans un charmant négligé du matin, auquel ne manquait qu'un point essentiel, la coiffure, ce couronnement obligé de toute toilette féminine.

— Mon Dieu! que je suis impatientée! lui dit la dame après quelques minutes; j'attends mon coiffeur, qui n'arrive pas. L'heure de la promenade se passe. C'est réellement insupportable.

— Qu'à cela ne tienne, dit le ténor; voulez-vous que j'essaye de le remplacer, madame?

— Quelle folie!... lui répond en souriant la Béatrix. Je serais bien coiffée, vraiment!

— Voulez-vous me laisser faire? reprit le chanteur. Qui sait? peut-être ne m'en tirerai-je pas plus mal qu'un autre.

— Oh! faites, faites, si cela vous amuse, répond la dame en s'élançant nonchalamment dans un fauteuil et en continuant à rire aux éclats de l'étrange fantaisie qui a pris à son mélodieux adorateur.

L'artiste ne se le fait pas dire deux fois. Il saisit la belle chevelure de madame X***, se met à l'œuvre, et en deux tours de main réalise la coiffure annoncée.

— C'est fait, madame, dit-il en s'inclinant avec la modeste assurance du mérite sûr de lui-même.

— Déjà! s'écrie madame X***. Quelle prestesse! quelle main de fée! Ah! ah! je suis curieuse de voir la figure que je fais en ce moment. Je dois être à peindre, en vérité!

En disant ces mots, madame X*** se lève, se dirige vers sa psyché, y jette un coup d'œil langoureux... et cesse incontinent de rire. Elle était adorablement coiffée. Rien dans ce savant échafaudage de ses longues tresses ne trahissait l'émotion inséparable d'un premier début.

Imprudent ténor! il avait été trop savant coiffeur.

La dame, fronçant aussitôt un sourcil à la Junon, accuse un violent mal de tête... Une épingle noire l'a blessée. Hélas! ce n'était point au cuir chevelu, c'était au cœur qu'elle saignait!

— Mais, juste ciel, ce garçon est quelque pommadin, qui s'est échappé de la boutique d'un coiffeur!

Voilà ce qu'elle pensait et ce qu'elle pensait était d'une exactitude indéniable.

Dès lors, d'un geste dédaigneux elle congédia le ténor en lui disant :

— « Monsieur, ne remettez jamais les pieds chez moi! »

Vous qui cherchez un ténor, tâchez de ne pas le trouver dans un salon de coiffeur.

XXVII

UN NEZ D'ARGENT

SCÈNE Ire

La scène se passe au Café Anglais en 1866.

ROGER DE BEAUVOIR. — Oui, mon cher, il existe dans Paris quinze cents nez en argent : on les a comptés.

NESTOR ROQUEPLAN. — Sont-ils tous contrôlés à la Monnaie?

ROGER DE BEAUVOIR. — Sans doute, puisque la loi l'exige.

NESTOR ROQUEPLAN. — Bon! j'y suis. Je vois que vous voulez parler des nez militaires et couverts de gloire.

Roger de Beauvoir. — Il est vrai, Henry Monnier a, le premier, découvert cette spécialité. Grâce à lui, on s'est mis à étudier du regard des invalides à nez d'argent. Ai-je besoin de vous rappeler la légende de Jean Hiroux? « Le Président, *d'une voix sévère*. — Jean Hiroux, pourquoi avez-vous volé le nez de ce vieux brave? — Jean Hiroux. — Mon président, ce n'est pas ma faute. D'abord, il y a une circonstance atténuante. Étant manchot des deux bras, le vieux brave, morveux à cause du froid, ne pouvait se moucher. Philanthrope comme je le suis, je viens à son secours ; je prends mon mouchoir ; je m'approche ; je pince le nez, je le serre, et, sans qu'il y ait de ma faute, le nez en question me reste dans la main. Voilà la vérité, rien que la vérité, toute la vérité. Mais pourquoi me condamnerait-on ? Est-ce que je n'ai pas restitué l'objet à son propriétaire? » Jean Hiroux fut acquitté pour la première fois de sa vie. Est-ce que vous l'eussiez condamné, vous?

Nestor Roqueplan. — Plutôt mourir cent fois.

Roger de Beauvoir. — A la bonne heure!

Nestor Roqueplan. — Mais voyez donc, Roger, si ce n'est pas un fait exprès...

Roger de Beauvoir. — Quoi donc?

Nestor Roqueplan, *en regardant sur le boulevard*. — Eh bien, celui-là!

(En même temps, il montre du doigt à l'auteur du *Chevalier de Saint-Georges* un invalide porteur d'un magnifique nez d'argent. On voit le vieillard tirer son mouchoir de la main droite, prendre ledit nez d'argent de la main gauche, et, sous cette enveloppe enlevée, apparaître un nez réel, un peu rouge, mais absolument authentique.)

Roger de Beauvoir. — Ah! par exemple, voilà un spectacle que je n'avais pas encore été à même de contempler: un nez naturel à gaîne d'argent.

Nestor Roqueplan. — Il faut le voir pour le croire.

Roger de Beauvoir. — Pardieu! le cas est bien trop intéressant pour que nous ne l'étudiions pas à fond. Pourquoi ne pas appeler l'invalide?

Nestor Roqueplan. — Excellente idée! Appelons-le.

SCÈNE II

Roger de Beauvoir. — Pssst! pssst! Hé! le vieux brave, par ici, s'il vous plaît?

L'Invalide. — Vous m'avez appelé, messieurs?

Nestor Roqueplan. — Oui, héros.

L'Invalide. — Qu'y a-t-il pour votre service, messieurs?

Roger de Beauvoir. — D'abord le plaisir de trinquer avec vous.

L'Invalide. — Ça, messieurs, ça ne se refuse jamais.

Nestor Roqueplan. — Un verre de rhum ou d'eau-de-vie d'Hendaye?

L'Invalide. — Du sacré-chien tout pur, si vous voulez. (*On sert, et il boit.*) Est-ce tout ?

Roger de Beauvoir. — Monsieur que voilà a, en outre, un renseignement à vous demander.

L'Invalide. — Eh bien, ne vous gênez pas, je vous prie, ni l'un ni l'autre. De quoi s'agit-il ?

Nestor Roqueplan. — D'une question grave. Pourquoi avez-vous deux nez ?

Roger de Beauvoir. — Ou, pourquoi un naturel doublé d'un nez d'argent ?

L'Invalide, *avec majesté*. — Messieurs, c'est une conséquence de l'expédition du Mexique.

Nestor Roqueplan. — Ah ! diable !

L'Invalide. — Nous faisions campagne dans les Terres-Chaudes. Un matin, je dis à mon capitaine : « — Capitaine, l'ennemi est par ici. — Où ça ? » qu'il me dit. — Là ! que je lui réponds. » Nous y allons. Il y était. Nous le culbutons. Après le combat, mon capitaine vient à moi : « — Vous avez » un fier nez, vous ! qu'il me dit ; je vous porte à » l'ordre du jour. » — Depuis ce temps, j'ai cru devoir ménager avec soin un nez qui a sauvé le régiment, et je ne le découvre que pour me moucher, et dans les grands jours. Et voilà.

Roger de Beauvoir. — Tout cela est bien vrai ?

L'Invalide. — Irréfragable.

Roger de Beauvoir. — Vieux brave, tout ce que vous venez de raconter là est homérique, ou, si vous l'aimez mieux, épatant.

Nestor Roqueplan. — Il n'y a que Paris pour ces histoires-là.

L'Invalide. — Je ne vous ai pas tout dit, messieurs.

Roger de Beauvoir. — Il y a une rallonge, à l'histoire ?

L'Invalide. — Sans doute. Le gouvernement n'a pas été ingrat; Napoléon III a donné à mon nez une pension viagère, une pension de six cents balles.

Nestor Roqueplan. — Tout cela est merveilleux.

L'Invalide. — Et ce n'est pas fini, messieurs. (*En souriant.*) Sachez d'abord que les femmes raffolent de moi.

Roger de Beauvoir. — A cause du double nez ?

L'Invalide. — Bien entendu. (*D'un air discret.*) Tel que vous me voyez, je vais de ce pas, rue des Jeûneurs, faire visite à une belle veuve, — ah! cossue, qui sera ma femme dans quinze jours.

Nestor Roqueplan. — Bien sûr ?

L'Invalide. — Trois godelureaux, des freluquets, la courtisaient. Il lui a suffi de me voir. « — Non, c'est le nez d'argent que je veux, » a-t-elle dit.

Roger de Beauvoir — Prestige de la gloire militaire !

L'Invalide. — Comme vous le dites fort bien. Adieu, messieurs. (*Exit.*)

Nestor Roqueplan. — Une femme éprise d'un nez d'argent ! Molière, tu n'aurais pas trouvé celle-là !

XXVIII

CE QUE DISENT

LES LANGUES DE VIPÈRES

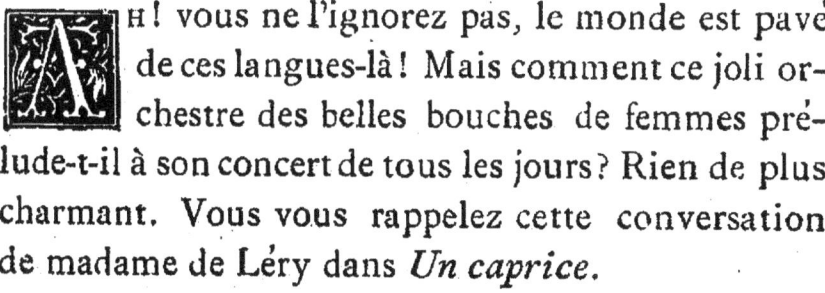

AH! vous ne l'ignorez pas, le monde est pavé de ces langues-là! Mais comment ce joli orchestre des belles bouches de femmes prélude-t-il à son concert de tous les jours? Rien de plus charmant. Vous vous rappelez cette conversation de madame de Léry dans *Un caprice*.

« — Chère belle, vous savez mes malheurs? J'ai été volée comme dans un bois.

» — Volée! Qu'est-ce que vous voulez dire?

» — Quatre robes, ma chère, quatre amours de robes qui me venaient de Londres, perdues à la douane! Si vous les aviez vues, c'est à en pleurer!... Il y en avait une perse et une puce!... On ne fera jamais rien de pareil. »

Voici à peu près ce qui se dit de trois à sept heures dans les plus nobles ou les plus élégants salons de Paris au moment des visites.

Les robes de velours traînent sur les tapis, les petits chapeaux empanachés voltigent sur la tête, et les têtes voltigent sous les chapeaux. C'est un babillage rapide et confus, un ramage d'oiseaux échappés, une jolie musique pleine de notes fraîches et moqueuses, vide d'idées et pourtant aimable. Tout s'y croise et s'y mêle, banalités et fantaisies, appréciations les plus légères des choses les plus graves : la toilette érigée en sacerdoce, la politique devenue un jeu d'enfants, les ministres jugés par Froufrou, les couturières classées suivant leur mérite. Tout cela entrecoupé de niaiseries lourdes comme des pavés, à travers lesquelles l'esprit parisien pousse comme une fleur.

— Quel bizarre et curieux amusement! fait un observateur, et comme on sort étonné d'un de ces salons en se disant : « — Ces mots frivoles, tombés avec tant d'insouciance de ces lèvres d'enfants gâtés, font et défont les réputations, donnent des couronnes, brisent des sceptres; et ce sont des têtes folles qui, ne sachant pas se conduire elles-mêmes, trouvent moyen de conduire le monde! »

— Êtes-vous allée au bal de la baronne?

— Non, ma chère; j'avais la grippe.

— Quoi ! madame, on danse déjà ?

— Mais, oui, j'ai trois bals cette semaine, et ce n'est qu'un commencement.

— Etiez-vous au bal de l'ambassade ottomane ?

— Sans doute, chère belle, puisque je n'en manque pas un.

— En ce cas, vous y avez tout vu ?

— Tout.

— La belle madame de... (inutile de la nommer : tout Paris ne la nomme que trop !) a-t-elle réellement *giflé* son Ernest devant cent personnes ?

— *Giflé* n'est pas tout à fait le mot, ma chère. J'étais là, à dix pas d'elle, en sorte que je n'ai perdu aucun des mouvements de la scène. Au moment où il allait prendre l'Américaine S*** par la main, notre comtesse lui a appliqué un violent coup de son éventail sur la main droite. Mais un coup ! C'était un chef-d'œuvre de l'art parisien, cet éventail. Il en a été brisé. A l'heure qu'il est, on ne le retrouverait plus que dans la hotte d'un chiffonnier.

— Comme le nom de la belle dame, n'est-ce pas ? Mais le mari ?

— Le mari ! Attendez donc ? Ah ! dame, il parlait de la question d'Orient à l'autre bout du salon avec le pacha. Est-ce que vous ne savez pas que les maris ne voient jamais rien ?

— Les maris me font toujours rire, comme dit Gavarni. Et celui de cette adorable grue de Laurianne ?

— Celui-là, c'est différent, il a trop vu et il pleure sans cesse. Comment un homme sensé peut-il tant aimer une femme qui ne l'aime pas ?

— Dame, le Fabricateur souverain a tout fait pour que les choses se passent ainsi. Où en est le procès en séparation de la princesse ...

— Ils en sont à raconter à la presse leurs secrets d'alcôve. Du propre, comme vous savez. Mais la magistrature adore ces choses-là comme les cochons du Périgord raffolent des truffes.

Comme il en arrive d'autres, la chronique de Paris s'étend en longues et fébriles indiscrétions, tantôt par sous-entendus, tantôt sans le moindre ménagement. Quel monde impitoyable que celui qu'on appelle le grand monde ! Au fait, tout formé d'oisifs ou à peu près, à quoi passerait-il son temps si ce n'est à dire ou à entendre dire du mal touchant le tiers et le quart ? Voilà pourquoi les langues de vipères ont si beau jeu. Voilà pourquoi tout passe par elles, le scandale sous mille formes, les coups de canif donnés dans le contrat de mariage, un duel à cause d'une lettre interceptée, les assiduités de celui-ci pour celle-là, les dédains de cet autre pour l'idole de la veille, un duel, un procès, une comédie burlesque, une tare terrible et ineffaçable, cent noms souillés, cent cœurs broyés par le mépris, mérité ou non. Et, dans tout cela, l'hyperbole des bords de la Garonne ne manque jamais de jouer son rôle. Au reste, cet usage, entièrement aristocratique, est figuré à merveille par une comtesse du faubourg Saint-Germain, très ferrée sur les belles façons.

— Ma chère, on ne sort pas de chez moi sans avoir vidé le panier aux ordures.

Que dirait madame Geoffrin?

XXIX

CHANSON

LE MARINIER DU CHER

Tout dernièrement, quand la Loire a débordé, le Cher lui-même est sorti de son lit, le Cher, si calme, qui a de belles ondes bleues, un petit fleuve littéraire.

Sur sa grève sont venus rêver tour à tour le roi Louis XI, quand il faisait et écoutait ses contes, le petit Jehan de Saintré et la dame des Belles-Cousines, François Rabelais, Ronsard, Paul-Louis Courier, H. de Balzac, H. de Latouche et vingt autres poètes du jour.

C'est par-là, sur une pierre où je me suis assis, que saint Bernard, sur le point de fonder un couvent, a prononcé ces paroles si spirituelles :

« — Je donnerai sept arpents dans le ciel à celui qui nous donnera un arpent sur la terre. »

C'est toujours par-là que j'ai entendu chanter un soir par des jeunes filles qui dansaient en rond cette ballade, dont la musique est de quelque Rossini inconnu :

« C'était un marinier qui charriait du merrain sur le Cher; vogue, mon marinier, vogue!

» Passe une jolie fille aux beaux yeux.

» — Ah! que voulez-vous, la belle, pour vos beaux yeux?

» — Je veux, dit-elle, ta bague d'argent.

» — Prenez-la, dit-il; vogue, mon marinier, vogue! Mais ce n'est pas assez. Que voulez-vous encore, la belle, pour vos beaux yeux?

» — Je veux, dit-elle, vos boucles d'oreilles en or.

» — Prenez-les, dit-il; vogue, mon marinier, vogue! Mais ce n'est pas assez. Que voulez-vous de plus, la belle, pour vos beaux yeux?

» — J'ai à la main, dit-elle, un bouquet composé de trois fleurs : il faut me le rapporter; vogue, mon marinier, vogue!

» En même temps, elle jette aussi loin qu'elle

peut jeter un bluet à droite, une nielle à gauche, une marjolaine au milieu; vogue, mon marinier, vogue!

» Il plonge, il va d'une fleur à l'autre, il refait le bouquet. L'eau tournoie, le courant l'emporte; vogue, mon marinier, vogue!

» On le voit disparaître en murmurant :

» — Ce n'est pas assez. Que voulez-vous de plus, la belle, pour vos beaux yeux? »

Héroïque marinier, martyr de son amour pour une grue, — car la jolie fille aux beaux yeux n'était pas autre chose.

Voilà, du moins, ce que nous apprend la dernière strophe de la Chanson.

» Passe un godelureau qui bayait aux corneilles; celui-là ne disait rien et n'avait l'air de rien.

» — Comment! beau blond, tu passes sans faire attention à moi, quand, tout à l'heure, un marinier vient de se noyer pour mes beaux yeux? Eh! viens donc, accours donc vite, que je te donne mes deux bras blancs pour collier!

» Et l'on entendait l'écho de la rive qui répétait, en se plaignant dans les roseaux :

» — Vogue, mon marinier, vogue; vogue, mon marinier! »

XXX

L'ENLÈVEMENT

—

Léon Gozlan déjà cité, a fort spirituellement établi que ce n'est pas le Français qui a créé le vaudeville, mais, au contraire, le vaudeville qui a créé le Français, du moins celui de son temps. En effet, depuis l'ouverture du Théâtre de Madame (le Gymnase), jusqu'à 1848, il n'y avait pas un contemporain qui ne se modelât sur les jeunes premiers en vogue. Toutes les Parisiennes s'arrangeaient aussi, pour être un reflet des actrices applaudies. Tout le long de la vie privée, le roman exerçait une influence du même genre. A l'époque des grands succès de J.-J. Rousseau, on donnait aux filles le prénom d'Héloïse et aux garçons celui d'Emile. Aussitôt que parut le *Faublas* de Louvet de Couvray, futur membre de la Convention nationale, l'enlèvement fut mis en honneur, même dans la bourgeoisie. Une femme qui n'était pas enlevée ne pouvait pas se flatter d'avoir été aimée. On en trouvait qui se vantaient de l'avoir été trois fois, ce qui ne manquait jamais d'exciter l'admiration et de faire naître l'envie. Cela dura pendant le Directoire, le premier Empire, la Restauration et ne s'arrêta guère qu'à *Ipsiboë*, roman du vicomte d'Arlincourt. Là-dedans, en effet, une jeune vierge est enlevée au clair de la lune, au moyen d'une échelle de corde. H. de Balzac, qui débutait alors, s'éleva contre cette poétique, ainsi que vous le verrez en parcourant la préface d'*Argow le Pirate*. Est-ce qu'il y a un clair de lune toutes les nuits? Est-ce qu'un homme suffit pour porter une échelle de corde? — A bas l'enlèvement! — H. de Balzac passa peu à peu à l'état d'oracle : les Parisiennes cessèrent de se faire enlever. On se contenta de s'enfuir. « Ils se sont enfuis, » cette formule remplaça l'ancienne mode de l'enlèvement.

Voilà donc cinquante ans à peu près qu'il n'est plus question nulle part d'échelle de corde ou de soie. Il y a vingt-cinq ans, lorsque Mario Uchard fit jouer la *Fiammina* au Théâtre-Français, le mouvement de l'action exigeait qu'il y eût un enlèvement, du moins, en paroles. Régnier, un fin comédien, le plus habile des metteurs en scène, s'opposa mordicus à ce qu'on montrât une échelle quelconque. « — Pas d'échelle même dans le récit : ce serait bien trop démodé. » Et il fut convenu qu'on remplacerait l'échelle par un fiacre. Voilà donc ce qu'était devenue la poésie des anciens âges.

Mais que voulez-vous que je vous dise? Paris a toujours été romanesque. On n'y aime pas la vie plate. La *Comédie humaine* tant qu'il vous plaira; c'est une série de chefs-d'œuvre; ça nous éclaire, ça nous fait voir ce qu'était la société française sous le règne de Louis-Philippe : ça ne nous grise pas. A plus forte raison n'est-on pas réchauffé par ceux qui se donnent pour les successeurs de Balzac. Ainsi, peu à peu, avec nos questions de houille et notre littérature réaliste, nous devenions un peuple de quakers. Savez-vous une chose? L'opérette nous délie; l'opérette contre laquelle on a tant crié, l'opérette nous ramène aux folles mœurs d'autrefois. Grâce au petit dieu de Gnide qui lance de si belles flèches dans l'*Œil crevé*, il y a eu tout à coup réaction contre ces allures trop correctes.

Voilà pourquoi, depuis un petit bout de temps, on ne parle plus que d'histoires d'amour qui finissent comme les mélodrames de Guilbert de Pixérécourt avaient l'habitude de commencer. L'enlèvement refleurit. Ce sont les grandes dames du faubourg Saint-Germain qui font si vivement battre les cœurs. Un enlèvement par amour! Une jeune femme emportée de force, à travers les ténèbres de la nuit, par un cavalier masqué, lequel tient à la main un poignard ou un revolver, — peut-être les deux, — n'est-ce pas à faire courir par tous les membres un frisson d'épouvante et de plaisir?

On se rencontre sous les marronniers du Luxembourg ou bien au bois, sur la marge du lac.

— Vous savez la nouvelle?

— Mon Dieu, non.

— Eh bien, elle s'est fait enlever.

— Qui ça, *Elle?*

— La jolie petite marquise de Z***.

— Ah! fort bien, celle qui a toujours une rose jaune dans ses beaux cheveux noirs?

— Juste.

— Et par qui a été fait le rapt? par le prince russe Michel?

— Fi donc! un Tartare!

— Par ce grand benêt de vicomte de S***?

— Allons! il est trop bègue.

— C'est donc par...

— Vous ne devineriez pas; je vais donc vous le dire : c'est par son maître de piano.

Et, au même instant, je vous laisse à compter les éclats de rire et les haussements d'épaules.

— Un maître de piano!

Voilà, en effet, la vérité vraie : l'enlèvement revient; il paraît chez les grandes dames du noble faubourg; il se pratique avec le concours d'un maître de piano, qui recevait cinq francs par cachet afin d'apprendre à roucouler la romance à madame. Entre nous, je crois même que la romance a beaucoup contribué à brusquer ce dénoûment. Chez nous, on ne fait pas assez attention à cette poésie mièvre comme une maladie de langueur et bête comme une oie. On dit :

— Bast! ce n'est qu'une romance, un rien!

Ce rien se chante à deux, solitairement, dans un boudoir où tout est fait pour allumer les yeux et pour assourdir les oreilles. Dans ces vers, construits par de pauvres diables qui ont toujours la tête à l'envers et le cœur dans la tête, on conjugue le mot *j'aime* de vingt-cinq millions de manières, et au dernier hémistiche il se trouve que l'enlèvement est fort avancé.

Quant au maître de piano, ai-je à vous le dépeindre? C'est presque toujours un imbécile, et cet imbécile cache bien souvent sous son habit noir et ses cheveux frisés un serpent de la pire espèce. Comment vous dire la chose? Les femmes du monde accordent d'abord peu d'importance au personnage; au faubourg Saint-Germain et au faubourg Saint-Honoré, on le traite un peu de haut, un peu mieux que le garçon coiffeur, et assez fréquemment les deux font la paire. Seulement, le musicastre peut passer pour un jour à l'état de maëstro, quand on a une soirée musicale à préparer. Il reste des après-midi entières avec madame, seul à seul, entre quatre-z-yeux, comme dit le peuple. — Voilà comment s'expliquent ces mots que tout Paris a entendus :

— Elle s'est fait enlever par son maître de piano.

Pendant quarante ans, de 1840 jusqu'à nos jours, l'enlèvement a été fortement ridiculisé au théâtre et à la ville. Il n'y fallait plus compter. Tout au plus une petite pensionnaire d'un couvent mal gardé se sauvait-elle de loin en loin avec son petit cousin, et encore parvenait-on bien vite à les rattraper à deux cents pas de la maison paternelle ou à Chatou. Ils en étaient quittes, le lycéen pour avoir les oreilles tirées, la pauvre colombe pour être mise au pain sec pendant huit jours, et l'on entendait dire à cette la Vallière en herbe, bien vite corrigée :

— Ah! ça ne m'arrivera plus de me faire enlever par mon cousin Octave!

PARENTHÈSE. — Décidément le passé est bien passé. On ne parvient jamais à le refaire. Celui qui a fait jaillir les mondes de sa pensée pourrait-il recommencer l'époque des grands sauriens? La chose est difficile à concevoir. On ne ressusciterait pas davantage, moralement parlant, ce qui se passait du temps de madame du Barri, l'âge d'or des enlèvements. Tout bien pesé, H. de Balzac a eu raison de ne plus admettre l'échelle de corde ou de soie.

Il y a une très jolie comédie de feu Scribe sur ce thème. Une jeune femme, très délicate mais fort évaporée, se fait enlever par un butor qu'elle a pris pour un héros de Byron. Au premier relais, la belle, déjà dépoétisée, s'étonne; au second relais, son cœur se refroidit; au troisième, elle va détester le grossier ravisseur, et, par bonheur, elle est sauvée et ramenée par une tante.

Ce qu'il faudrait dire en riant au théâtre du Palais-Royal ou peut-être du Gymnase, ce sont les suites d'un enlèvement. — Ah! qu'on regrette vite de s'être enfui! — On est parti pour la Suisse, par exemple, afin d'herboriser à deux en contant son bonheur et sa peine à la pervenche de J.-J. Rousseau ou bien à la marguerite sauvage; mais, à chaque pas, sur le bord du torrent, à l'auberge, à la corne d'un bois, on voit qu'on a fait, au fond, une bien sotte affaire. On se dit tout bas :

— Le monde m'est fermé pour toujours; je ne verrai plus qu'un seul visage, celui du ravisseur.

Et puis on est Parisienne et on regrette le confortable perdu, les aises et le calme de la vie sociale, et le droit de rire qu'on exerçait si bien. Une jeune femme qui traversait ainsi les Alpes avec son berger Pâris s'arrêtait de temps en temps pour dire :

— Ah! si je pouvais être mangée par un ours!

— Laissez donc! Les ours ne sont pas assez bêtes pour intervenir dans un tête-à-tête entre enleveur et enlevée.

Il y a aussi la question d'argent : l'amour qui finit par n'avoir plus le sou. — Ne cherchez pas à analyser un tel état de choses; ce serait entreprendre une tâche au-dessus des forces humaines.

En 1879, une jeune femme enleva son amant, mais en prévenant son mari, par une lettre, qu'elle avait, au préalable, pris 200,000 francs dans la caisse dudit et emporté ses diamants, qu'on estimait 50,000 francs. Sur l'avis d'un avocat, le Ménélas outragé écarta le double délit de rapt et d'adultère pour ne voir que le vol commis de complicité. Aussitôt on fit manœuvrer la télégraphie électrique. Dès le lendemain, le berger et la bergère, tombant sous le coup d'un traité international, étaient arrêtés dans la douce vallée de Chamouny, au moment où ils traçaient leurs chiffres sur l'écorce d'un arbre, à l'aide d'un canif. Quarante-huit heures après, ils rentraient dans Paris, par la gare de Lyon, entre deux anges gardiens commissionnés par la rue de Jérusalem.

— Vieille poésie du roman d'aventure, où vas-tu ?

XXXI

VENTE DE MEUBLES

NE affiche rose-tendre annonce au beau monde que mademoiselle Titania (des Variétés) vient de prendre une grande résolution. La charmante actrice se décide à faire vendre ses meubles à la criée, rue Drouot, à l'Hôtel des Commissaires-Priseurs.

Au bout d'une demi-journée, cette nouvelle, colportée de bouche en bouche, par les fumeurs de cigares, a pris l'importance d'un événement. On s'inquiète. Chacun veut savoir le pourquoi d'un fait si peu attendu, car, à Paris, l'usage veut qu'on s'occupe, avant tout, des affaires des autres.

— Pourquoi donc cette jolie Titania, encore si

jeune, se laisse-t-elle aller à une extrémité qui n'est d'ordinaire de mise que pour les comédiennes fanées ou même pour les duègnes ? A-t-elle donc fait une de ces foudroyantes pertes de jeu qui font qu'on se jette à la mer? — Eh non, puisqu'elle jouait hier encore et très vivement chez mademoiselle Pomme d'Api, dans le quartier de l'Europe? — Voit-elle que son succès baisse ? — Pas du tout, puisqu'il ne cesse pas d'y avoir autour d'elle une nuée de riches étrangers qui sèment les diamants sur ses pas. — En ce cas, il faut qu'il s'agisse d'un ennui mystérieux, d'un de ces soudains et inexplicables dégoûts du monde qui poussent les Madelaines au désert? — Vous n'y êtes pas non plus, bien que, circonvenue de gens du monde, de soupirants de la plus haute volée, mademoiselle Titania ait toujours pour amant de cœur un musicien de l'orchestre de son théâtre, un trombone, gros garçon sans préjugé et sans grammaire, qui la bat dix ou douze fois par an et qui joue au bezigue toute la journée.

Le pourquoi de cette vente, vous le saurez, après avoir lu ces pages jusqu'au dernier mot.

Mademoiselle Titania est une de ces actrices qui brillent à la ville plus qu'à la scène, qui ont plus de grâce que de talent et plus de revenus que de capital.

Elle possédait un ameublement singulièrement somptueux pour sa position artistique. Mais le problème s'explique aisément aux gens versés dans l'algèbre des coulisses.

Mademoiselle Titania pouvait reproduire l'argument d'une de ses camarades. Quelqu'un s'étonnait du luxe de celle-là et lui demandait comment, au bout de trois ans de théâtre, et avec des appointements de quinze cents francs, elle avait pu se donner un mobilier de quatre-vingt mille ?

— Je dépense si peu pour ma nourriture! répondit-elle.

L'autre soir donc, mademoiselle Titania avait invité tous les admirateurs de son talent, l'élite des habitués de son théâtre, une trentaine d'hommes de divers âges, mais également distingués et généreux, à venir prendre le thé chez elle. Tous avaient accepté avec empressement, et deux de ces messieurs, qui n'aimaient pas le thé, avaient eu la précaution d'envoyer chez l'actrice, l'un quelques pièces froides, un pâté de foie gras, une carpe du Rhin, etc.; l'autre, cinquante bouteilles d'excellents vins. Cela formait les éléments d'un assez joli souper, et l'aimable comédienne était toujours en droit de dire que la nourriture ne lui coûtait pas cher.

On soupa, et pendant le festin, mademoiselle Titania annonça que, pour des raisons majeures, elle avait l'intention de vendre son mobilier, et que les affiches seraient posées le lendemain.

Il y en avait même déjà une sur les boulevards.

Les convives se récrièrent sur ce projet. Le mobilier était si élégant, si neuf, si riche! Livrer au public, abandonner à de vulgaires acheteurs ces charmantes merveilles! c'était impossible!

— Et cela ne sera pas si vous voulez, dit l'un de ces messieurs. Que la vente se fasse entre nous et immédiatement. Soyons les seuls acheteurs de ces meubles que nous aimons!

La proposition fut acclamée.

— Je veux bien, dit l'actrice; mais êtes-vous en fonds! J'entends que la vente soit faite au comptant.

Les convives, qui avaient compté jouer après souper, s'étaient munis d'or et de billets. Ils montrèrent des porte-monnaie et des portefeuilles bien garnis. La vente commença aussitôt.

Excitées par le vin de Champagne, les enchères furent poussées très loin. Les meubles le méritaient.

Tous étaient précieux, et la plupart convenaient parfaitement à des hommes de goût et à des dandys. Il y avait là des bronzes d'art très remarquables, des sculptures de vieux chêne, des marqueteries de Boule, des porcelaines de Sèvres. Il y avait aussi une belle collection d'armes : des fusils arabes, des yatagans, des épées du moyen âge, des poignards vénitiens, un arsenal complet. Mademoiselle Titania aurait pu faire une belle défense; mais ces armes n'avaient jamais servi.

Ce qui est encore plus rare chez une actrice, il y avait une belle bibliothèque amplement fournie de bons livres choisis par un de nos écrivains les plus distingués.

Objets d'art, fantaisies, petits bronzes, ivoires, tableaux, tout ce bric-à-brac ne laissait pas de faire sourire plus d'un des assistants. Ces beaux messieurs retrouvaient là-dedans par le souvenir plus d'une de leurs connaissances, puisque, pour la plupart, c'étaient d'anciens cadeaux. Un vieux marquis déplumé, Jean-Godefroy de Ramillies ne put même s'empêcher de dire à demi-voix :

— Tiens, voilà une petite lanterne chinoise qui m'a bien coûté un simple billet de cinq cents balles et que je rachète quinze cents francs.

Propos de gommeux qui fit rire tout ce joli monde.

La vente produisit au delà de cent cinquante mille francs, et tout fut payé comptant.

Après avoir encaissé sa recette, la comédienne dit aux acheteurs :

— C'est ma dot. Je quitte le théâtre et je vais me marier.

Cette seconde nouvelle produisit une pénible sensation parmi les assistants.

— Qui donc mademoiselle Titania épouse-t-elle ? Est-ce son trombone ?

— Il paraît que non.

— L'homme qui joue au bezigue est sacrifié comme tous les autres.

On a fini par savoir que l'actrice se retire dans

un cottage de Normandie, du côté d'Honfleur, où elle épouse un *gentleman farmer* du pays.

— Ainsi nous nous sommes cotisés pour lui acheter un mari, a dit le vieux marquis déplumé. Quelle gasconnade !

※

A propos de vente des défroques d'une actrice, voyez cet épisode de la vie d'une grande tragédienne.

Il fut autrefois question de reprendre *l'Abbé de l'Épée* au Théâtre-Français.

Mademoiselle Rachel s'y était même attribué un rôle, et avait commencé à l'étudier, comme toujours, avec un soin extrême.

Ayant entendu dire que madame la comtesse de Chalot pourrait lui donner des renseignements précieux sur la manière dont la pièce avait été primitivement montée, elle prit le parti de se rendre chez cette dame.

Madame de Chalot la reçut fort bien et mit tous ses souvenirs à la discrétion de l'illustre tragédienne. Puis, quand vint l'heure du départ, elle alla chercher une miniature d'un grand prix peinte par Augustin et représentant Talma dans le rôle de Néron :

— Veuillez, dit-elle, accepter ce souvenir en témoignage de la gratitude que me causera toujours votre bonne visite.

Mademoiselle Rachel partit après tous les remercîments que valait un cadeau si gracieusement offert.

Quelques mois après, M. Uzanne, le peintre, faisait son entrée dans le salon de madame de Chalot dont il était l'habitué.

— Eh bien ! dit-il, et notre Talma !... qu'en dites-vous ?

— Expliquez-vous ? Je ne puis comprendre, fait la maîtresse du lieu.

— En vérité ?... Alors, je suis peiné de vous apprendre que Talma est mis à l'encan par son nouveau propriétaire...

— Est-ce possible, cher ?

Voici ce qui était arrivé.

Mademoiselle Rachel, qui avait le cœur sur la main, était fort donnante. Tous ceux qui l'ont approchée savent qu'elle n'avait rien à elle.

Deux ou trois ans après ce qui s'était passé chez madame de Chalot, une camarade du Théâtre-Français vint rue Trudon, dans le petit hôtel qu'habitait la tragédienne. Tout en causant de choses et d'autres, elle vit la miniature d'Augustin et s'en amouracha.

— Je prends ce bibelot et je l'emporte, dit-elle en le serrant dans son manchon.

Rachel la voyait-elle ? L'avait-elle entendue ? —

Peut-être que non. — Toujours est-il que la miniature de Talma fut emportée. A quelque temps de là, cette même éventée, très peu conservatrice, comme il y en a tant au théâtre, vendit ses meubles à l'Hôtel des Commissaires-Priseurs et le portrait fut mêlé à un stock.

Mais résolue à ne pas laisser une pareille œuvre dans des mains étrangères, madame de Chalot dut en passer par les hasards de l'adjudication, et eut du moins la consolation de rapporter, comme dernier enchérisseur, la miniature qui s'était fourvoyée hors de chez elle.

XXXII

UNE VOITURE AU MOIS

NE actrice d'un de nos théâtres de genre se rendait, l'autre jour, à la répétition dans son brougham.

On appelle brougham cette petite voiture basse qui rase le sol et dont Paris fourmille depuis trente ans.

Le nom que portent ces véhicules explique assez leur origine britannique.

Un jour, fatigué de monter dans les grands carrosses, lord Brougham imagina la voiture dans laquelle on entre presque sans lever le pied.

Il en donna à son carrossier le dessin exécuté de sa propre main, et il fut le premier qui roula sur le macadam de Regent-Street dans un de ces petits chars si commodes et si confortables.

Avant lui, lord Tilbury et lord Stanhope avaient donné leurs noms à d'élégantes voitures; c'est là un genre de célébrité que l'aristocratie anglaise recherche avec ardeur.

Lady Spencer n'avait pas voulu admettre dans son arbre généalogique l'illustre poète de son nom, mais elle était très fière d'avoir donné ce noble nom à un vêtement que la mode a adopté; et Garrick, l'admirable tragédien, considéra toujours comme l'une de ses plus grandes créations la redingote à plusieurs collets dont il s'enveloppait en sortant du théâtre et qu'une ingrate traduction désigne sous le nom de carrick.

Notre jeune actrice était donc dans son brougham, se rendant au théâtre.

Elle n'était en retard que de vingt-cinq minutes, ce qui est presque de l'exactitude pour une femme qui consacre de longues veilles à l'étude de ses rôles.

Tout à coup la voiture s'arrête, deux messieurs s'approchent et frappent légèrement à la portière.

— Qu'est-ce que cela? demanda l'actrice étonnée.

— Mille pardons, madame, et deux mots, s'il vous plaît?

— Mais je n'ai pas l'avantage de vous connaître, messieurs, et je trouve assez extraordinaire cette façon de m'aborder.

— Une simple question, madame, cette voiture est-elle à vous ?

— Que vous importe ?

— Permettez, madame : nous avons le droit d'être indiscrets. Nous sommes payés pour être curieux.

— Singulier emploi que vous avez là !

— Nous appartenons au ministère des finances. Vous ignorez peut-être que les voitures sont soumises à un impôt. En déguisant la vérité, vous pourriez vous compromettre. Répondez donc franchement, et dites-nous si vous êtes propriétaire de cette voiture ou locataire seulement.

Incapable de résister à ces paroles menaçantes et de commettre un mensonge dangereux, l'actrice avoua que la voiture ne lui appartenait pas et qu'elle en payait le loyer sept cents francs par mois.

— C'est très bien, madame : nous allons dresser procès-verbal.

Les curieux, qui sont à l'affût des petits événements, s'étaient amassés autour de la voiture.

L'actrice voulait se dérober à cette scène déplaisante. Elle sauta lestement sur le trottoir, abandonna son équipage à la vindicte du fisc et gagna d'un pied léger son théâtre, où elle arriva trois quarts d'heure trop tard.

Le régisseur lui infligea une amende de cinq francs.

— Ah ! s'écria l'actrice, comme il vaut mieux avoir une voiture à soi !

Cette exclamation, hélas! était tout un roman.

Depuis trois mois, l'actrice luttait avec elle-même sur la question de savoir si elle demeurerait sage en vivant dans le *statu quo,* ou bien si elle prêterait l'oreille aux belles paroles d'un Yankee archi-millionnaire, qui lui offrait les présents d'Artaxerxès centuplés.

Pendant trois mois, elle s'était dit :

— Eh bien, non, je n'accepterai pas : un brougham de louage suffit à mon ambition.

Sous le coup de la visite des agents, de la curiosité indiscrète des passants et de l'amende dont elle avait été injustement frappée par le régisseur de son théâtre, elle fit ce qu'on appelle un coup de tête.

Le lendemain donc, quand le Yankee se présenta pour faire sa visite de tous les jours, elle lui dit en souriant:

— Master Archibald, un seul mot : j'accepte enfin le huit-ressorts et les beaux alezans que vous m'avez si souvent offerts avec votre cœur par-dessus le marché.

Et voilà comment la vertu a succombé, à cause des exigences du fisc. Elle aime un Yankee pour une voiture.

Philosophes, qu'en dites-vous ?

XXXIII

PETITES CAUSES CÉLÈBRES

L'AMOUR VOLEUR

ETTE affaire, ébruitée depuis une quinzaine de jours par la *Gazette du Tendre*, avait nécessairement attiré un fort grand nombre de curieux de l'un et de l'autre sexe. Dès huit heures du matin, les abords du Palais-de-Justice étaient envahis par la foule. Les jeunes femmes, qu'on savait être particulièrement en cause dans la personne de l'une d'elles, se trouvaient en majorité. Il y avait surtout de belles rousses, puisque la tignasse de la couleur du soleil n'a pas cessé d'être à la mode. Çà et là, quelques hommes effarés, qu'à leurs têtes bizarres on reconnaissait tout de suite pour faire partie de l'incorrigible corporation des maris. M. Joseph

Prudhomme ne manquait pas non plus de se montrer dans la salle, car il va, dit-il, partout où il y a à redresser la morale publique offensée par des coups de canif. Parmi les robes noires qui traînaient par là, on distinguait aussi de jeunes gandins de l'avocasserie, lesquels avaient quitté le boulevard pour venir se donner un petit festin de scandale.

Autres personnages obligés : la force armée, les témoins et les journalistes.

A onze heures et demie, un coup de sonnette se fait entendre. En même temps, les conversations particulières s'arrêtent. Un huissier crie : « Le tribunal ! » Le silence redouble. On entendrait voler un mouchoir.

Au premier rang des places occupées par le barreau, on voit s'asseoir, d'un côté, un groupe composé d'un homme d'un âge mûr, assez inélégant et ayant la tête bizarre des maris dont nous venons de parler. C'est la partie plaignante. On la nomme Isidore-Sigismond Coquelet, ancien notaire. Il a pour avocat le célèbre M⁰ Corne-de-Cerf, bien connu au Palais pour être *le bouclier des époux outragés* (style de l'endroit). D'un autre côté, à vingt pas de là, en face, tout près de la sellette, on aperçoit le non moins célèbre M⁰ Pied-de-Biche, autre avocat, également renommé au Palais pour être *la cuirasse des amoureux téméraires que doit frapper le glaive de la loi* (toujours le style de l'endroit).

M. le Président. — Qu'on introduise l'accusé. *Mouvement d'attention dans l'auditoire.*

Une seconde ne s'est pas écoulée, qu'une petite porte latérale s'ouvre brusquement. Au même instant, on voit s'avancer l'accusé entre deux gendarmes.

Toutes les dames présentes à l'audience, imitant le mouvement de précision d'un bataillon qui fait l'exercice, portent leurs lorgnettes à leurs yeux.

— L'Amour ! voilà l'Amour ! chuchote-t-on partout avec un ton d'intérêt des plus marqués.

M. le procureur impérial fronce le sourcil.

L'accusé n'est pas costumé en voyageur, tel qu'Anacréon le représente dans la légende intitulée : *L'Amour Mouillé.* Il n'est pas non plus tel que Watteau l'a peint sur les trumeaux de Versailles, c'est-à-dire tout nu, puisque se présenter ainsi devant les juges serait commettre un nouveau délit. En prison, où il était déjà depuis près d'un mois, il a trouvé moyen de s'habiller suivant le dernier numéro du *Moniteur de la Mode.* Pantalon et habit de fantaisie, gilet en cœur, pardessus demi-saison, col cassé, cravate à la Byron. Il paraît qu'il avait voulu venir avec une cravache à la main, en quasi sportman, mais on a confisqué au greffe cet appendice de la fashion. Comme signe distinctif, on aperçoit le fameux bandeau mythologique dont l'espiègle a fait un cache-nez.

En entrant, il salue le tribunal, mais de la main

et du lorgnon, ce qui peut être considéré comme une démonstration d'un petit crevé un peu sans gêne. Après cela, il s'assied sur la sellette, entre les deux bons gendarmes, près de l'oreille de Mᵉ Pied-de-Biche, son défenseur.

M. le Président. — Accusé, levez-vous. Votre nom ?

L'Accusé, *d'une voix douce*. — L'Amour.

— Votre âge ?

— Vieux comme le monde et jeune comme la minute où je parle.

— Où êtes-vous né ?

— En Grèce, dans une île de l'Archipel, à Cérigo.

— Votre domicile ?

— Pour le quart d'heure, en prison ; avant d'être arrêté, rue du Cœur-Volant.

— Quels sont vos moyens d'existence ?

L'accusé ne répond pas.

— Je vous demande quel est votre état dans le monde.

— J'aime et je fais aimer.

— C'est bien. Vous pouvez vous asseoir. On va vous donner lecture de l'acte d'accusation, afin que vous connaissiez les charges qui pèsent sur vous.

Ici le greffier déplie un long grimoire, d'où résultent les épisodes qui vont suivre[1] :

---

1. Il est de toute évidence que celui des membres du parquet de Paris qui a rédigé l'acte d'accusation a pris plaisir à ne pas trop charger le coupable. Tout autre que lui, obéissant

Sur la fin de l'automne dernier, par une belle soirée d'octobre, M. Coquelet, ancien notaire du quartier des Bourdonnais, se promenait en calèche, au bois de Boulogne, en compagnie de sa jeune femme. Près de la grille du Jardin d'acclimatation, un petit garçon, en guenilles, pieds nus, l'œil en coulisse, s'approcha de la voiture et offrit galamment un bouquet de violettes à la belle dame. Tout annonçait en lui un de ces petits drôles qui trouvent moyen de mendier en présentant des fleurs aux promeneuses des bois. Etait-ce donc un petit vagabond ? Oui, sans doute, mais non un vagabond vulgaire ; c'était le prévenu, tout simplement, c'est-à-dire l'être le plus dangereux de la terre, un stratège de première force, qui, pour venir à bout

aux traditions du Palais-de-Justice, eût scruté le passé de l'Amour en prenant bien soin de ne lui faire grâce d'aucun détail. Que n'aurait-il pas eu à dire puisque le casier judiciaire de l'inculpé remonte au commencement du monde, c'est-à-dire au premier jour de l'âge adamique, dans l'Eden ? En admettant que, par respect pour l'Aïeule du genre humain, il se fût tu sur ce qui s'est passé dans le jardin, il aurait eu, par la suite, une nomenclature de forfaits dont plusieurs font dresser les cheveux sur la tête. La Bible, les monolithes égyptiens tout brodés d'hiéroglyphes, les poèmes indous pleins d'allusions, la mythologie grecque, les épopées d'Homère, l'histoire d'il y a six mille ans et l'histoire d'hier au soir, tout cela ne serait, si l'on voulait bien, qu'un long cri de colère contre ce même Amour qui paraît n'avoir jamais eu d'autre fonction sérieuse que de troubler le globe.

Amour, fléau du monde, exécrable folie !

s'est écrié dans les temps modernes un de ceux qui ont

de la jeune et jolie madame Coquelet, avait jugé à propos de prendre le déguisement d'un gamin des rues et des bois.

Dans le premier moment, malgré toute la perspicacité dont le ciel l'a doué, M. Coquelet ne démêla pas ce subterfuge; il jeta une pièce blanche au va-nu-pieds et donna ordre au cocher de continuer sa route; mais trois secondes ne s'étaient pas écoulées, que la voix de son épouse commandait d'arrêter. En respirant l'arôme enchanté du bouquet de violettes, la jeune femme avait cédé à une sorte de syncope. Il y avait du maléfice là-dedans, ainsi que la suite des événements ne l'a que trop prouvé.

— Mon ami, dit madame Coquelet à son mari, il y a longtemps, vous vous le rappelez, que vous m'avez promis un groom. En voilà un que le sort

---

eu le plus à en souffrir. Mais très vraisemblablement, les guerres fomentées, les villes brûlées, le frère s'armant contre son frère, le père contre son fils, cent mille drames plus sinistres les uns que les autres, des océans de larmes et de sang, cent millions de procès, tout cela et bien autre chose encore aura effrayé l'esprit du rédacteur de l'acte d'accusation. C'est pourquoi, dédaignant la coutume, ce magistrat aura voulu prendre par le plus court en se renfermant dans les étroites limites du procès actuel. Et d'ailleurs eût-il beaucoup allumé la colère ou la pitié des juges en leur rappelant Hélène enlevée par Pâris, Pyrame et Thisbé mourant, les filles de Loth et tant d'autres vilains traits dont les petits-fils d'Adam chargent l'accusé? Il s'est tu sur tout cela et nos lecteurs trouveront assurément qu'il a bien fait.

P. A.

nous envoie. Il est jeune, intelligent, très vif. Dès qu'il sera un peu décrassé, on lui mettra une livrée bleu et or. Aussitôt qu'il sera en livrée, tout le monde dira : « C'est le groom des Coquelet, » et on nous l'enviera. Mon ami, je veux avoir ce groom ou j'en mourrai.

L'ex-notaire fit d'abord la grimace. Cet œil si vif et les cheveux frisés du prétendu marchand de violettes ne lui disaient rien de bon. D'un autre côté, il savait par expérience qu'il y avait plus que du danger à contrarier un caprice de sa moitié. On fit donc signe au petit va-nu-pieds d'accourir.

— Petit, veux-tu entrer à mon service? dit le trop crédule ex-notaire.

En guise de réponse, le rusé coquin sauta derrière la calèche comme s'il n'avait fait que cela toute sa vie.

Madame Coquelet, trop confiante, rayonnait de contentement.

A la maison, le nouveau venu joua son rôle de groom adopté avec une habileté inouïe. Il se montra prévenant, empressé, caressant du regard et de la voix, câlin même. Ainsi fait le serpent sous l'herbe. On le décrassa, on l'habilla, on l'installa et, pour dire la vérité, il était le groom le plus charmant qu'on eût jamais vu.

— Diable! se disait Me Coquelet en se grattant la tête, j'ai eu tort de recueillir ce petit aspic chez moi.

Réflexions tardives! Me Coquelet devait de plus en plus soupirer la même plainte.

Au bout de huit jours, l'épouse entra dans le cabinet de son mari :

— Cher ami, dit-elle, nous nous sommes trompés sur le compte du petit vagabond du bois.

— Ah! enfin! pensa le mari.

— Ce n'est ni un marchand de violettes, ni un groom; c'est cent fois mieux que cela. C'est un enfant-prodige. Ce matin, je l'ai surpris à mon piano où il jouait sans musique une symphonie allemande à griser une pierre. Je viens donc vous déclarer que je le relève de ses fonctions de groom pour en faire mon professeur.

Me Coquelet devint vert d'ennui, mais il savait qu'il fallait toujours finir par en passer par ce que voulait sa femme. Il céda.

La semaine d'après, autre scène de la vie privée.

— Cher ami, disait madame Coquelet à son mari, ce n'est plus seulement un maître de piano que nous avons chez nous. Sachez que ce jeune étranger est d'une perfection idéale. Il sait tout. Il peint à l'huile, il fait le pastel; il danse à ravir; il y a mieux, il possède toutes les langues vivantes.

— Eh bien? demanda le mari consterné.

— Eh bien, cher ami, vous ne serez pas étonné que je l'institue dès ce moment notre secrétaire intime à tous deux, et notre homme de compagnie.

Ainsi il dînera à table et il aura son appartement réservé.

Cette fois-ci, Mᵉ Coquelet, commençant à prévoir l'avenir, voulut répondre par un *veto* énergique. Peine perdue. Son refus s'arrêta dans son gosier. Il consentit encore, et il venait ainsi de consacrer sa perte, sa honte et son désespoir.

Le malheureux ex-notaire ne mit pas longtemps à acquérir la certitude de son infortune. Un matin d'avril, en ouvrant la porte de la chambre à coucher de sa femme, il vit... Non! l'acte d'accusation doit jeter le voile de gaze de la métaphore sur ce tableau trop vivant!

— Eh bien, Ernestine, voilà donc votre manière d'utiliser un secrétaire intime? s'écria-t-il dans sa légitime indignation.

Cependant comme l'épouse coupable s'était évanouie, il dut, avant tout, songer à la faire revenir. Pendant ce temps-là, le prétendu professeur s'était *tiré des bottes,* comme on dit au Pays-Bréda.

— Si seulement j'en étais débarrassé! s'écriait le mari.

Débarrassé de ce sacripant! il n'en était rien. Le soir même, en rentrant de son étude, l'ancien notaire trouva la maison vide. On lui apprit que madame était partie en compagnie de son maître de langues. Alors le télégraphe joua dans toutes les directions. Où sont allés les fugitifs? Après trois jours de recherches, la police les découvrit à grand'peine sur la route de Lyon, d'où ils projetaient d'aller ensemble herboriser en Suisse.

Ils ont donc été arrêtés, mais vu l'état dans lequel se trouve en ce moment la jeune femme, on l'a conduite en lieu sûr, en une maison de santé, où l'on prend pour pensionnaires celles qui se sont écartées du sentier de la vertu. Quant au séducteur, il a été mis à l'ombre, au violon. Ces précautions prises, une enquête a été ouverte. Ah! cette instruction en a révélé de belles! Vous croyez peut-être que l'inconnu s'était borné à ensorceler la jolie madame Coquelet? Messieurs, le prévenu ne s'est pas arrêté en si beau chemin. Profitant des relations sociales que lui donnait son titre de maître de musique, il a introduit le désordre parmi toutes les connaissances de Coquelet. C'est ainsi qu'il a tour à tour séduit, en deux mois de temps, deux femmes d'avoués, une conseillère d'État, six épouses de propriétaires. Il a même déshonoré toutes les soubrettes de ces dames, quand elles étaient jeunes et jolies.

Ici, mouvement général dans l'auditoire.

Chœur des Hommes. — L'affreux garnement!

Chœur des Femmes. — Le charmant polisson!

M. Joseph Prudhomme. — Décidément l'abjecte corruption du Bas-Empire nous gagne de plus en plus!

L'Huissier. — Silence, messieurs!

— Ce n'est pas tout, ajouta le greffier. Ne se contentant pas de détourner tant d'épouses de leurs devoirs, le prévenu n'a pas eu honte de commettre d'autres larcins. Ainsi plusieurs perquisitions pratiquées à son domicile ont démontré jusqu'à quel point un tel être est dangereux. Pendant les escapades dont il vient d'être question, il a dérobé vingt objets de prix, que la Justice s'est empressée de saisir et qui figurent parmi les pièces à conviction. Ce sont des bagues, un crayon en or, des cheveux blonds, noirs, roux, châtains, enchâssés dans des médaillons, une épingle en diamant, et autres choses encore de même nature qu'on n'a jamais vues en la possession des petits voyous déguenillés qui vendent des bouquets de violettes à la porte des bois.

— Voilà, ajoutait l'acte d'accusation, un ensemble de faits formels, constants, irréfragables. Faut-il donc accorder au coupable une impunité qui ne pourrait que le pousser à recommencer? Il a suborné les consciences, il a commis un abus de confiance; il a volé surtout; il a volé à pleines mains. Ce sont là des délits qui sont prévus par les articles 343 et 345 du code pénal, dont on demande au tribunal de faire la plus sévère application.

Cette lecture terminée, le président revient à l'interrogatoire de l'inculpé.

M. LE PRÉSIDENT. — Vous avez entendu. Qu'avez-vous à répondre?

L'ACCUSÉ. — Rien.

LE PRÉSIDENT. — Comment! rien! On vous accuse des délits les plus graves et vous ne trouvez pas un mot à répliquer?

L'Accusé. — Mon Dieu, non, monsieur le président. Toutefois j'ai une protestation à faire entendre. Dans l'origine du procès, j'avais l'intention de plaider l'incompétence du tribunal. En effet, comparaissant devant trois juges, tous trois mariés, je suis sûr de mon affaire. L'esprit de confrérie me sacrifiera d'emblée. C'est pourquoi je demande à être déféré au jury, mais, entendons-nous bien, au jury composé mi-partie d'hommes, mi-partie de femmes, avec un célibataire par dessus le marché. Est-ce qu'il ne s'agit pas de femmes dans cette affaire? Est-ce que vous pensez que les femmes ne comprendraient pas mes motifs avec plus de discernement, et me condamneraient? Et le garçon, que dirait-il? Mais, après tout, j'ai renoncé à ce moyen. J'ai même renoncé aux témoins à décharge. Si même vous voulez m'en croire, messieurs, pour gagner du temps, vous ne ferez pas entendre de témoins du tout. Pourquoi déranger l'estimable M. Coquelet et ses pareils? J'avoue tout, je conviens de tout. Oui, j'ai pris tour à tour plusieurs formes afin de me faufiler chez l'ancien notaire. Oui, j'ai mis le feu au cœur de la tendre madame Coquelet. Oui, j'ai séduit ses amies, toutes ses amies, l'une après l'autre, et j'en ai fait une brochette de cœurs. Oui, j'ai poussé la fougue de la tendresse jusqu'à déshonorer les chambrières, attendu qu'il y a parfois de ce côté des morceaux on ne peut plus friands.

Le Procureur général. — Accusé, vous dépassez Lovelace, Casanova et Faublas en cynisme. Je vais requérir sévèrement contre vous.

L'Amour. — Requérez, monsieur le procureur-général, puisque vous êtes payé pour cela.

Le Président. — Accusé, et les vols qui vous sont reprochés?

L'Amour. — Quant à cela, par exemple, c'est une mauvaise plaisanterie. J'ai volé!... Eh bien oui, j'en conviens, j'ai volé des cœurs.

Le Président. — Oui, et c'est déjà une chose prohibée, voler les cœurs, quoiqu'ils ne soient pas contrôlés à la Monnaie. Mais la joaillerie, monsieur! Mais les brillants! Mais les bagues! Mais tout ce que voici sur la table du greffier!

L'Amour. — Monsieur le président, je laisse à Me Pied-de-Biche, mon avocat, la tâche de me défendre sur ce point délicat, s'il le juge à propos. Quant à moi, je m'en moquerais comme d'une guigne, si nous étions à la Saint-Jean. J'ai volé! C'est évident, puisque voilà les pièces sous vos yeux. Plaidez donc, et plaidez bien. Qu'on me condamne! ça m'amusera d'aller faire un tour à Nouméa.

M. le Procureur général. — De plus en plus cynique. Messieurs du tribunal, je...

M. le Président. — La parole appartient d'abord à la partie civile.

Me Corne-de-Cerf. — C'est juste. Eh bien, m'y

voici. Les aveux du prévenu ont rendu ma tâche facile. Vous avez vu avec quelle effronterie il a tout avoué. Qu'est-ce que c'est d'abord que cette série de déguisements et d'incarnations diverses? Une habile manœuvre à l'aide de laquelle il s'est insinué jusque dans le sanctuaire des familles afin de les tromper. Il ne s'agit plus seulement de M⁰ Coquelet; vous savez qu'il y en a vingt autres.

M. LE PRÉSIDENT. — Maître Corne-de-Cerf, passez à l'autre délit.

Au moment où l'avocat se dispose à entamer ce grief, le soleil d'avril illumine tout à coup la salle d'audience. Par les fenêtres ouvertes, le vent secoue un parfum de forêt. L'ivresse du printemps gagne tout le monde, même les juges. En même temps, un orgue de Barbarie qui passe dans la rue joue l'air de *Guido et Ginevra* :

> Hélas! il a fui comme une ombre!

L'avocat ouvre la bouche et va lancer ses périodes, quand on voit se produire un coup de théâtre comme il y en a par centaines dans les contes d'Hoffmann. Le pardessus demi-saison et les vêtements de drap de l'accusé disparaissent tout à coup pour faire place à un adorable petit monstre tout nu et tout rose, qui se soutient sur deux ailes comme celui que La Fontaine a décrit dans sa *Psyché*. L'Amour s'envole jusqu'au vasistas. Une fois là, il salue le tribunal et interpellant l'avocat de M⁰ Coquelet :

— Chacun son tour, dit-il. J'ai rendez-vous pour ce soir, dans un restaurant des boulevards, avec madame Corne-de-Cerf, votre femme, une brune piquante. Recommandez à son mari de ne pas trop mouiller sa flanelle, en fulminant contre moi !

Au même instant, on entendit un léger battement d'ailes et il disparut.

Juges, avocats, parquet, témoins, auditoire, tout le monde était stupéfait ou charmé.

Quant à M. Joseph Prudhomme, il levait les bras à la rosace du plafond, en s'écriant :

— C'est fini. Tout s'en va. La France n'est plus qu'une succursale des Mormons !

XXXIV

LE BAIGNEUR POUR RIRE

Monsieur C*** est un mari jaloux. Tous les loisirs que lui laissent les clients de son étude sont employés à la lecture de la *Physiologie du mariage*. Il croit en H. de Balzac et le considère comme l'oracle de la sagesse conjugale. Dans sa naïveté, il ne s'aperçoit pas que le grand Honoré, par un simple jeu d'esprit, s'est amusé à décrire un pays qu'il n'avait jamais vu, du moins alors : le mariage.

Ainsi de bonnes gens lisent avec curiosité ce que dit de leur ville natale un écrivain touriste, qui en a lorgné une fois les murs par la portière du wagon d'un chemin de fer.

M. C*** a cent fois médité sur le chapitre : l'*Essai sur la police*, les *Fourrières*, la *Correspondance*, les *Espions*, le *Budget*, l'*Art de rentrer chez soi*.

Il sait par cœur toutes les ruses de la stratégie conjugale.

Il flaire l'amant comme un chien de chasse flaire le lièvre; il se défie de la belle-mère, des amis de pension et des amis intimes, de la femme de chambre et du médecin.

H. de Balzac a parlé de tous ces perturbateurs de la paix du ménage, mais il n'a pas dit un mot du *baigneur* et cet oubli du maître vient d'être fatal au disciple.

Au mois de juin, en faisant sa ronde autour de sa femme, M. C*** remarqua ou crut remarquer qu'elle était courtisée par Emmanuel K***, un séducteur de profession.

Aussitôt il quitte Paris, enlève sa femme et court à Trouville.

Depuis trois ou quatre jours, madame C*** prenait des bains de mer. Revêtue du disgracieux uniforme qu'on connaît, elle se livrait aux mains calleuses d'un baigneur qui la soutenait contre le choc des petites vagues et s'efforçait de lui apprendre l'art de la natation.

A chaque bain, le défiant mari s'asseyait ou se promenait sur la grève.

Il eût bien voulu entrer dans l'eau, quand le baigneur portait sa femme un peu loin du bord;

mais un ordre précis du médecin l'attachait au rivage.

Un jour, madame C***, s'étant jetée à la mer, s'abandonna aux forces du Triton, qui la saisit sans mot dire et l'entraîna à une distance de deux ou trois cents pas.

Là, le baigneur ouvrit les bras; madame C*** s'étendit mollement sur l'eau, essaya de remuer en mesure les bras et les jambes, barbota un moment, fit blanchir l'écume autour d'elle, et se laissa couler. La reprenant alors au milieu du corps, l'homme lui maintint la tête hors de l'eau, et, afin de lui ordonner la manœuvre, ouvrit la bouche pour la première fois.

Au son de cette voix, madame C*** interrompit le mouvement commencé et regarda son baigneur.

C'était bien le costume, c'était bien la barbe de Baptiste. Mais, en prolongeant son examen, madame C***, reconnut Emmanuel K***, son adorateur, et poussa un cri d'effroi très sonore.

— Ah! monsieur, c'était vous! c'est vous!

— Au nom du ciel, madame, ne faites point de bruit: votre mari nous regarde.

— Lâchez, lâchez-moi, monsieur; votre impudence n'a point de nom. Lâchez-moi, vous dis-je, et éloignez-vous au plus vite.

Ce disant, elle s'agitait, criait, repoussait son baigneur.

Alors le mari, d'une voix de Stentor, du haut de la plage:

— Charlotte, voyons, du courage ! Que diable ! laisse-toi faire, ou tu n'apprendras jamais rien !

La situation était si plaisante, qu'après s'être défendue comme un dragon, Charlotte ne put s'empêcher de rire. Or, chacun sait que, quand on a ri, on est désarmé.

Encouragé par le mari, Emmanuel K*** devint impitoyable aux frayeurs de la femme.

Il la retient, il la serre, il lui impose sa volonté. A trois cents pas, on dirait qu'il gourmande une élève indocile. Quand il se tourne vers le rivage, sa physionomie est sévère, mais ses lèvres prononcent gravement de douces et flatteuses paroles. Veut-il être plus aimable et plus pressant encore, il tourne le dos à M. C***, et permet à son visage de sourire à l'aise.

Mais cependant, la femme cherche à protester encore.

— Charlotte ! Charlotte ! crie le mari, encore une fois, laisse-toi faire !

On dit qu'à la fin elle s'est résignée.

La femme doit obéissance à son mari.

XXXV

UN PÉCHÉ DE JEUNESSE

SCÈNE Ire

Rue de Provence, cinq heures du soir.

Le banquier Steiner. — Comment! En croirai-je mes yeux? Le plus vénérable des magistrats, seul, à pied, dans une rue boueuse, à cinq heures du soir!

Le Président Heurtault de la Jachère. — Mon Dieu, oui.

Steiner. — Ah çà, mon cher président, est-ce que vous allez rendre une sentence dans ce quartier bizarre, mi-partie cocottes, mi-partie finances?

Le Président. — Une sentence, pas tout à fait, et cependant ça y ressemble bien un peu.

Steiner. — Mille pardons, mon cher président, mais mon indiscrétion s'arrête là. Croyez que je ne vous interroge pas.

Le Président. — Il n'y a rien d'indiscret à me faire cette question. Au fait, pourquoi ne vous dirais-je pas de quoi il s'agit? Au surplus, cher monsieur, vous connaissez les masques.

Steiner. — Moi? comment ça?

Le Président. — Vingt fois, dans l'île Saint-Louis, chez moi-même, dans mon petit salon bleu, vous avez fait un whist avec le général Bourgachard, un des lieutenants du maréchal Bugeaud.

Steiner. — Il est vrai, monsieur le président.

Le Président. — Or, ce digne soldat, ayant perdu M. Saint-Cyr Bourgachard, son fils unique, a mis ses complaisances dans Tiburce Bourgachard, son petit-fils. Naturellement, il voulait que ce rejeton de sa race fût soldat. Un peu sybarite, élevé en enfant gâté, le gaillard a regimbé; il s'est tourné de préférence du côté du Conseil d'État, ce qui vous donne à penser qu'il est, je ne dirai pas un viveur, mais un voluptueux, ce que nous appelons un *jouisseur*.

Steiner. — Tous les jeunes gens d'aujourd'hui sont cela et pas autre chose.

Le Président. — Signe des temps, indice de progrès, à ce qu'il paraît.

Steiner. — C'est, du moins, ce qu'on dit dans le monde où je m'amuse. Mais ce jeune garçon est-il un garçon distingué?

LE PRÉSIDENT. — Provisoirement, mon cher, c'est un gommeux tout court. Un de ses pareils, son aîné de six mois, l'a introduit dans un cercle à la mode. Ah! les cercles de 1881, qui pourra dire au juste ce que c'est? Des lieux de refuge pour les célibataires ou pour les déclassés élégants? Des tripots pour les aventuriers? L'antichambre de Charenton ou des gymnases pour les belles manières? Réponde qui pourra. Mais voilà que le petit Bourgachard y fait son entrée. On l'y reçoit comme Gil Blas était reçu en sortant de l'école de Santillane par le parasite qui lui faisait de si jolis discours afin d'attraper un dîner, olla podrida et poisson frit. Sur toutes les tables de l'établissement, il y a des cartes. Par malheur, notre novice avait reçu une jolie petite somme, cadeau d'une marraine, pour le diplôme de bachelier ès lettres qu'il rapportait. Ainsi donc il avait trois mille francs en poche. Le savaient-ils? Une partie s'est engagée. On a fait asseoir le débutant. Deux inconnus l'ont encouragé. Un beau monsieur, fort décoré et encore plus mystérieux, a joué avec lui. Pendant la première heure, cet étranger a perdu. Attendez! c'était une amorce! L'heure écoulée, la chance a tourné comme par enchantement. Depuis lors, c'est le petit Bourgachard qui a perdu et ferme.

STEINER. — Eh! pardieu, je devais m'y attendre!

LE PRÉSIDENT. — Inutile de vous apprendre que les trois billets de mille francs donnés par la marraine ont filé comme une lettre à la poste.

— Mes trois mille francs perdus! s'écriait le débutant.

Et il voulait les ravoir. Et plus il s'évertuait à les reprendre et plus il perdait. A un certain moment, un des inconnus, connaissant les ressources de la famille, lui dit à l'oreille:

— Vous êtes en déficit de dix mille francs, mais qu'est-ce que cela fait? Redoublez d'énergie, et ils vous reviendront.

Il redoubla et en perdit vingt mille. Il cherchait toujours à se *rabibocher*, terme de ces endroits-là, à ce qu'il paraît, et sa ruine continuait. Bref, à trois heures du matin, heure des grecs, il devait sur parole soixante-quinze mille francs.

Steiner. — Une année de revenu du général, son grand-père!

Le Président. — Tout juste. Ah! ce n'est pas fini, allez!

Steiner. — Eh quoi! il a continué?

Le Président. — Il a continué jusqu'à extinction de chaleur vitale. Au chant du coq, il devait à ces messieurs la bagatelle de cent cinquante mille francs.

Steiner. — La dot d'une jolie fille de la bourgeoisie!

Le Président. — Comment s'acquitter? On lui dit : — « Vous n'avez rien à vous en ce moment;
» mais, dans un an, vous serez majeur. Faites-nous
» un billet antidaté de douze mois. Vous le payerez
» quand vous le voudrez. »

Steiner. — Un truc des Agamemnons de ce siècle.

Le Président. — Notre pigeon fit ce qu'on lui avait demandé. Il est si naïf! Si l'on se mettait à lui presser le nez entre deux doigts de la main droite, il en sortirait du lait. Bref, le général a eu vent de tout cela; il est venu à moi et il m'a dit :

« — Que va-t-il arriver si le petit Bourgachard » est poursuivi par ces beaux messieurs? »

De concert avec le préfet de police, qui est un de mes amis, j'ai étudié l'affaire, et, après avoir fait venir nos prétendus étrangers, je suis parvenu à retirer le billet sans donner un centime, ce qui est un miracle. Or, je viens par ici pour le remettre au général en personne.

Steiner. — Homme héroïque que vous êtes, ô mon cher président!

Le Président. — Non, je ne suis qu'un bon cœur. Mais où demeure le général Bourgachard? Numéro trois; numéro cinq; numéro sept... M'y voici.

Steiner. — Allez donc, monsieur le président, et bonne chance!

SCÈNE II

La loge du n° 7.

Le Président, *à la portière*. — M. le général Bourgachard, s'il vous plaît?

La Portière, *sans se déranger*. — Absent.

Le Président. — Cette voix! ce visage! — Ah! mon Dieu! si c'était?...

La Portière. — Si vous voulez me laisser votre carte pour le général, je la lui remettrai, monsieur, quand il reviendra.

Le Président. — Plus de doute; c'est bien elle. Et cette lentille qu'elle a à la joue gauche!

La Portière. — Préférez-vous lui écrire un mot? Voilà une plume, de l'encre et du papier.

Le Président, *à part*. — Oui, c'est bien Amélie, celle avec laquelle j'allais danser à la Chaumière, sous le ministère de Casimir Périer, quand j'étais étudiant de première année. Hélas! comme on change! (*Il fait trois pas dans la loge et aperçoit dans un cadre une figure de jeune homme au crayon.*) Mon portrait dessiné par Gavarni, à l'époque de mon second examen! (*D'un ton grave.*) Bonne femme, ne vous dérangez pas : j'écrirai au général, mais de chez moi.

Il salue.

La Portière. — Comme il vous plaira, monsieur. (*Le président sort.*) En voilà un qui m'a tout l'air de faire sa tête. Ça le gêne d'être nez à nez avec une portière. Ah! s'il m'avait vue dans mon jeune temps!

SCÈNE III

Le lendemain. — Chez le Président, dans l'île Saint-Louis.

Le général Bourgachard. — Ah! monsieur le président, en retournant le billet de mon petit-fils, quel service ne rendez-vous pas à toute la famille! Ce n'est pas seulement pour les cent cinquante mille francs sauvés; mais voyez donc où ces grecs auraient pu mener le pauvre enfant! Comment jamais reconnaître un si grand service? Dites, que faut-il faire? Nous voulons absolument nous acquitter envers vous. Commandez!

Le Président. — C'est bien sérieux?

Le Général. — Oui, monsieur le président.

Le Président. — Eh bien, tenez, prenez dans votre secrétaire vingt mille francs, une bagatelle pour vous, et, à l'aide de cette somme, achetez une rente viagère de douze cents francs pour votre portière. Vous la lui donnerez de ma part.

Le Général. — Convenu, cher président. (*A part.*) Une rente viagère à ma concierge, qu'il ne connaît ni d'Ève ni d'Adam? C'est égal, pour un magistrat, il a de drôles d'idées, ce brave homme!

XXXVI

L'ONCLE & LE NEVEU

APRÈS FORTUNE FAITE

SCÈNE Ire

Une salle à manger. — L'oncle sert un perdreau truffé à son neveu.

EDGAR. — Ainsi, cher oncle, voilà qui est décidé : vous quittez le commerce des papiers peints?

L'ONCLE. — Oui, mon neveu, à dater du 15 courant sans faute.

EDGAR. — Bien sûr?

L'ONCLE. — Certainement, bien sûr. Crois-tu donc que ce soit si amusant, le commerce? Voilà quarante ans que j'y suis comme une croûte de pain derrière une malle.

Edgar. — Vous savez bien, cher oncle, que vous y avez trouvé des compensations.

L'Oncle. — Pour ça, j'en conviens. J'y ai fait fortune, d'accord.

Edgar. — Dites donc que vous avez amassé un joli sac.

L'Oncle. — Un million et demi. Au prix où est l'argent à la Bourse (dernier cours), cela fait, je crois, soixante mille francs de rente.

Edgar. — Vous voyez bien, c'est très potable, cette somme-là.

L'Oncle. — Eh! mon gaillard, puisque tu es mon seul héritier, en définitive, ce total te reviendra.

Edgar, *en vidant un verre de Léoville*. — Ah! cher oncle, que ce soit le plus tard possible.

L'Oncle. — Ne te démanche pas tant, va, mon neveu, je ne demande aucunement à déguerpir si vite. Je tiens à la vie. Je veux jouir.

Edgar. — Encore un coup, vous ferez bien. Faites-moi attendre l'héritage le plus longtemps possible, et prenez bien vos aises.

L'Oncle. — Mes aises! ah! je t'en réponds que je vais les prendre. Or, puisque nous en sommes à ce chapitre, je vais te donner une preuve de ce que je dis.

Edgar. — Parlez, je vous écoute, cher oncle.

L'Oncle. — Il s'agit d'une première fantaisie que j'ai à te montrer.

Edgar. — Voyons un peu votre surprise, cher oncle.

L'Oncle, *agitant la sonnette.* — Joseph! Joseph! Ici donc, Joseph!

Le Domestique, *accourant.* — Que désire monsieur?

L'Oncle, *gravement.* — Joseph, allez-vous-en dans mon cabinet. Sur le petit bureau d'acajou, il y a une grande feuille de papier arrangée en rouleau. Vous me l'apporterez ici même.

Le Domestique. — J'y cours, monsieur.

Pendant que Joseph fait la commission, l'oncle verse à son neveu un verre de Saint-Peray, petit vin blanc sucré et mousseux comme l'aï, et qui a la propriété de porter les buveurs aux idées gaies.

Joseph, *à son maître.* — Voilà, monsieur, le rouleau demandé.

L'Oncle. — Fort bien. Laissez-nous, Joseph. (*A Edgar.*) Nous disons donc, monsieur mon neveu, que c'est mon premier caprice de millionnaire retiré des affaires. A présent que tu viens de boire d'un petit diable de vin blanc qui passe pour délier les langues, tu vas m'en dire ton avis, mais là, franchement, sans flatterie et sans crainte.

Edgar. — Je parlerai très franchement, cher oncle, vous pouvez y compter.

Un petit temps de silence. — L'oncle dénoue le papier et déroule le plan en relief d'une espèce de monument. — Une construction entourée de quatre arbres verts.

L'Oncle, *avec un sourire de contentement*. — Eh bien, voilà la chose!

Edgar, *un peu ébahi*. — Cher oncle, qu'est-ce que c'est que cette maçonnerie-là?

L'Oncle, *étonné*. — Comment, mon neveu, vous qui êtes quelque chose comme bachelier ès lettres, est-ce que vous ne savez pas lire? Épelez donc, malheureux!

Edgar. — Ah! bon! j'y suis.
Lisant à haute voix.

PLAN DU MONUMENT FUNÉRAIRE
QUE M. ACHILLE-JEAN LANDRU,
ANCIEN FABRICANT DE PAPIERS PEINTS,
SE FERA CONSTRUIRE AU CIMETIÈRE DU PÈRE-LACHAISE
DÈS LE LENDEMAIN DE SA LIQUIDATION.

L'Oncle. — Eh bien, qu'en dis-tu? Est-ce assez corsé?

Edgar. — En quoi sera ce tombeau, d'abord, cher oncle?

L'Oncle. — En marbre rose des Pyrénées, s'il te plaît.

Edgar. — Et le buste?

L'Oncle. — En bronze florentin.

Edgar. — Et les arbres?

L'Oncle. — Quatre platanes d'Italie.

Edgar. — Ah! mon oncle, vous vous mettez bien, vous!

Ils trinquent. — Tableau.

SCÈNE II

L'Oncle. — Joseph! le café!

Le Domestique. — Voilà, monsieur, voilà.

Au moment où Joseph achève de servir, on sonne. Le valet court ouvrir et revient peu après.

L'Oncle. — Qui est-ce?

Le Domestique. — Un trottin de la maison Laverdure et Cie, avec un petit paquet à la main.

L'Oncle. — Bon! je sais ce que c'est. (*D'un air entendu.*) Joseph, donnez à ce groom quarante sous pour sa course et apportez ici ce paquet.

Deux minutes s'écoulent; Joseph reparaît avec une sorte d'étui en carton.

Edgar. — Que diable cela peut-il être, cher oncle?

L'Oncle. — Devine, monsieur mon neveu.

Edgar. — Dame, la maison Laverdure et Cie étant une Agence matrimoniale, je me demande ce qui peut vous convenir de cet endroit-là. (*Après avoir lorgné.*) Ah! j'y suis maintenant! Un paquet de photographies!

L'Oncle. — Tout juste.

Edgar. — Des portraits de femmes?

L'Oncle. — Tu l'as deviné. Il y en a six.

Edgar. — Jolies?

L'Oncle. — Toutes plus charmantes les unes que les autres.

Edgar. — Ah! mon oncle! quel neveu vous avez dû faire dans votre jeune temps!

L'Oncle. — On ne manquait pas de ressort, en effet. (*Avec un soupir.*) Mais il y a longtemps de ça. Prends-tu du cognac?

Edgar. — Sans doute, mon oncle.

L'Oncle. (*D'un ton grave.*) Tout à l'heure, à propos de ma fantaisie du Père-Lachaise, nous nous occupions de choses amusantes, un caprice de vieillard. A présent, au sujet de ces photographies, nous avons à parler de choses sérieuses.

Edgar. — Bon! mon mariage! Je vois venir ça d'ici, cher oncle.

L'Oncle. — Tu y es.

Edgar. — Pas encore, Dieu merci.

L'Oncle. — Mon Dieu, si tu y es, te dis-je, ou ce qui revient au même, je désire que tu y sois. Écoute bien. Ce que je vais te dire est une chanson que je t'ai déjà chantée plusieurs fois. Mais j'ose espérer que, ce matin, tu ne feras pas la sourde oreille, suivant ton habitude. Il s'agit donc de faire une fin.

Les cigares, les cocottes, les chevaux, les cercles, de baccarat, c'est bon pour un temps. Un jour ou l'autre, il faut changer d'allure. Ce jour est venu.

Edgar. — Cher oncle, encore six mois de répit, je vous en conjure.

L'Oncle. — Pas une semaine, monsieur mon neveu.

Edgar. — Vous me traitez en condamné à mort, sans recours en grâce, cher oncle.

L'Oncle. — Je te traite en enfant gâté par le sort, monsieur mon neveu. (*En tirant les photographies de l'étui.*) Voyons, où donc serais-tu tant à plaindre? Regarde un peu ces portraits. Ce sont de jeunes filles, toutes six ravissantes.

Edgar. — Oui, toutes maquillées par la main des mamans ou habilement arrangées par le chic du photographe.

L'Oncle. — Tais-toi, langue de vipère, et écoute. Je le répète, regarde à loisir, médite et choisis. Tiens, celle-là te convient-elle? Une brune piquante, avec des yeux d'escarboucle.

Edgar. — Non, pas de brune. Il me semblerait épouser un garçon.

L'Oncle. — Cette blonde aux cheveux d'or, une Anglaise de l'Inde?

Edgar. — Pas d'Anglaise. Tous les Français qui se marient à une fille d'Albion se voient obligés de se séparer au bout de six mois.

L'Oncle. — Allons, passons à cette châtaine, l'héritière d'un gros propriétaire de maisons, boulevard Malesherbes.

Edgar. — Vous voulez dire l'enfant d'un entrepreneur de bâtisse, comme Berthelier dit dans le *Baptême du petit Léon*. Non, passons à une autre.

L'Oncle. — Ah! cette jolie frimousse, un nez à la Roxelane! Quelles oreilles finement dessinées! On dirait deux coquilles d'huîtres d'Ostende.

Edgar. — Supposez tout de suite qu'on en mangerait?

L'Oncle. — Enfin tu n'as rien à dire de celle-là.

Edgar. — Mon Dieu, si, puisque c'est encore une brune.

L'Oncle. — Brune! Madame de Montespan l'était et c'est celle de ses favorites que Louis XIV a le plus aimée, à ce qu'on dit. Mais ces petits messieurs en gants de peau de chien sont des becs difficiles à l'impossible. (*Nouveau soupir.*) Passons à cette autre aux superbes épaules : une rousse.

Edgar. — Cher oncle, depuis la chute de l'empire, cette nuance n'est plus à la mode.

L'Oncle, *impatienté*. — Allons, c'est à se casser la tête contre les murs. Mais, voyons, voilà encore une châtaine. Ah! comme elle est svelte!

Edgar. — Beaucoup trop. Un véritable bâton. Ceux de mon cercle diraient que je me suis marié à un peuplier.

L'Oncle. — Il n'en reste plus qu'une, mais c'est

une merveille. J'ai dû garder celle-là pour la bonne bouche.

Edgar, *en secouant les cendres de son cigare*. — Voyons la merveille, cher oncle.

L'Oncle. — Mademoiselle Aurélie de S***, cheveux d'un blond cendré, des yeux bleu-de-mer, un corsage de guêpe, de l'esprit, pas trop musicienne, six cent mille francs de dot. Est-ce de votre goût à la fin, monsieur le gourmet?

Edgar. — Ma foi, non, cher oncle.

L'Oncle, *stupéfait*. — Comment, non? Pourquoi non?

Edgar. — Parce qu'elle a une grand'maman, une maman et deux grandes tantes. Total: quatre belles-mères. Plutôt me jeter tout de suite dans la grande tasse, du haut du Pont-des-Arts.

L'Oncle. — Monsieur mon neveu, vous êtes un homme indécrottable.

Edgar. — Je suis un pauvre garçon, qui tient à la liberté; voilà tout.

L'Oncle. — Cette fois, tes motifs ne sont pas sérieux.

Edgar. — Quatre belles-mères!

L'Oncle. — Mauvaise excuse, plaisanterie de clubman. (*Sévèrement.*) Eh bien, je veux que tu épouses Aurélie, moi. Une fois, deux fois, trois fois, veux-tu m'obéir, oui ou non?

Edgar. — Cher oncle, je vous le donnerais en cent, moi. Acceptez-vous?

L'Oncle, *rêvant*. — Au fait, ce ne serait peut-être pas une si mauvaise affaire? — Il faudra voir. — Une perfection, cette Aurélie, et qui n'a pas le préjugé vulgaire des Parisiennes sur l'âge du mari. Pardieu, je tenterai l'aventure. Je la demanderai bel et bien pour moi, monsieur mon neveu. Or, il y a des chances pour qu'on me l'accorde. J'ajoute que ce sera bien fait pour vous, monsieur le difficile.

Edgar. — Faites donc, cher oncle, et bonne chance.

L'Oncle, *se levant de table*. — Je vais m'occuper de ça, aujourd'hui même.

Edgar, *à part*. — Soixante-treize ans, un catharre, des rhumatismes, — ce ne sera qu'un mari honoraire et pas pour longtemps. Gare au monument du Père-Lachaise. Il me restera alors la ressource de demander la veuve. Bon moment! Il y aura certainement moins de belles-mères.

XXXVII

LA SAUVETEUSE

Nuit d'hiver. — Un des salons de l'ambassade d'Autriche. — L'orchestre vient d'attaquer le *Quadrille des lanciers*. — Cinquante personnes se mettent en danse. — Quelques groupes de causeurs et de causeuses.

La Duchesse de Villedieu. — Comme vous parlez de cette jeune fille ! En seriez-vous amoureux, Horace ?

Horace de Brévannes, *attaché d'ambassade*. — Madame la duchesse, je me borne à dire qu'elle danse à ravir.

La Duchesse. — Il est vrai : mademoiselle d'Hervilly a toute la flexibilité d'un sylphe ; mais...

Horace. — Mais quoi ?

La Duchesse. — Mais elle n'a pas que ce talent-là, allez !

Horace. — Que voulez-vous dire ?

La Duchesse. — Mon Dieu ! ce qui est de notoriété publique. (*Un peu malignement.*) Votre divine danseuse s'entend à tout et à plusieurs autres choses encore.

Horace. — De grâce, madame la duchesse, soyez assez bonne pour m'éclairer là-dessus. Est-ce que cette belle personne serait un bas-bleu ?

La Duchesse. — Ah ! par exemple, Horace, je n'ai rien dit de semblable.

Horace. — Non, j'en conviens, mais votre parole est si énigmatique et rappelle si bien Pic de la Mirandole, qu'on aurait pu supposer que vous l'accusiez d'être une femme de lettres.

La Duchesse. — Encore une fois, cher monsieur, croyez que je ne lui fais pas cette injure.

Horace. — Eh bien, que vouliez-vous donner à entendre, alors, en la disant douée d'une façon extraordinaire ?

La Duchesse. — Vous venez de dire qu'elle danse comme un sylphe ?

Horace. — Il est vrai.

La Duchesse. — Eh bien, j'ajoute qu'elle nage, l'été, comme une dorade.

Horace. — En pleine mer ?

La Duchesse, *gravement*. — Eh ! sans doute, en pleine mer, à Dieppe et à Trouville.

HORACE. — Bon; et quel mal voyez-vous à cela?

LA DUCHESSE, *en pinçant les lèvres*. — Non seulement il n'y a, en effet, aucun mal, mais encore la chronique raconte qu'il peut en résulter un très-grand bien.

HORACE, *piqué au jeu*. — La chronique! Quel rapport y a-t-il, s'il vous plaît, entre les racontars que vous appelez la chronique et la charmante mademoiselle d'Hervilly?

LA DUCHESSE. — Tenez, Horace, ces rapports demandez-les à votre ami de Lussan, qui vient à nous.

LE MARQUIS DE LUSSAN, *après une double révérence*. — Si je ne me trompe, madame la duchesse, vous venez de prononcer mon nom?

LA DUCHESSE. — Rien de plus vrai, monsieur le marquis. Faut-il vous dire à quel sujet? Eh bien, c'était pour que vous puissiez donner à M. de Brévanne, un renseignement qu'il a l'air d'attendre avec la plus vive impatience.

HORACE. — Madame la duchesse...

LA DUCHESSE, *à M. de Lussan*. — Nous en étions sur le cas de la jolie mademoiselle d'Hervilly.

LE MARQUIS. — Ah! bon! celle qui nage comme une dorade?

LA DUCHESSE, *à Horace*. — Vous voyez, je ne le lui fais pas dire.

HORACE. — Mais de quoi s'agit-il au fond de tout cela, à la fin des fins?

LA DUCHESSE. — D'un brillant acte de sauvetage,

opéré par la belle enfant, l'été dernier, dans les eaux du Tréport.

Le Marquis. — Oui, en nageant, ce jour-là, mademoiselle d'Hervilly a sauvé un chanteur d'opéra qui était en danger de se noyer.

Horace. — Un chanteur d'opéra! Quel conte bleu me chantez-vous donc?

Le Marquis. — Mon cher, d'où sortez-vous donc?

Horace. — Pardieu! je suis arrivé du Danemark, la semaine dernière.

Le Marquis. — C'est donc ça que vous ignorez cette histoire, qui, pendant quelques jours, a amusé tout Paris.

Horace. — Tout Paris, vous le savez bien, est méchant comme un âne rouge et bête comme une oie.

La Duchesse. — Ça n'empêche pas la vérité d'être la vérité.

Horace. — A vous deux, madame la duchesse et monsieur le marquis, vous ne m'apprenez toujours rien.

Le Marquis. — Prêtez-moi donc une minute d'attention, rien qu'une, et je vais vous mettre au courant de ce drame.

Horace. — Ah! voilà que cette histoire est un drame, à présent!

Le Marquis. — Y êtes-vous? Je commence.

Horace. — Allez donc, et rondement.

LE MARQUIS. — M'y voici. C'était donc au Tréport, l'été dernier, en août, je crois. Mademoiselle d'Hervilly, si belle nageuse, prenait ses ébats loin du bateau de secours. Un baigneur imprudent, qui, peut-être par indiscrétion, avait franchi la limite, perd pied tout à coup. Il agite les bras en signe de détresse et s'enfonce en criant : « Au secours ! au secours ! » Alors, l'incomparable d'Hervilly prend son élan, se dirige vers lui et opère son sauvetage. L'homme, notez-le, n'était pas un mortel vulgaire, mais un demi-dieu de l'Opéra, un nommé Forval, Flerval ou Florival.

LA DUCHESSE. — Florival, c'est bien ça. Il chantait le ténor dans *la Juive*.

HORACE. — Eh bien, après ?

LE MARQUIS. — A la nouvelle de ce beau trait, digne de figurer dans la *Morale en action*, il y a eu un grand émoi sur la plage. Les camarades de Florival sont là en masse. On reconduit triomphalement l'héroïne sur la terrasse en la comparant à la fille de Pharaon, qui a sauvé Moïse des eaux. En ce moment, la vénérable madame d'Hervilly, sa mère, qui n'avait rien vu, attendait justement sa fille. Vous savez que c'est une dame très fière et très impérieuse. Après information prise, elle apprit ce qui venait de se passer et parut peu charmée.

HORACE. — Est-ce qu'elle n'a rien dit à la belle personne ?

LA DUCHESSE. — Si fait, bien.

Le Marquis. — Elle s'écria : « Lauriane, vous ne voyez donc pas que vous vous singularisez ? Il fallait appeler quelqu'un du bateau. Enfin, qu'est-ce que c'est, au juste, un monsieur ou une dame ? » — « Je ne sais pas, maman, répondit mademoiselle d'Hervilly : ça n'était pas habillé. »

Horace. — Ah ! diable !

Le Marquis. — Eh bien, Horace, que concluez-vous de là ?

Horace. — J'avais un projet. Je ne l'ai plus. J'y renonce.

La Duchesse, *à la cantonade*. — Il y a de bonnes actions qu'une jeune femme d'aujourd'hui n'a pas le droit de commettre.

XXXVIII

SCÈNES DE BALS MASQUÉS

Eh bien, oui, en dépit de tout, malgré nos désastres, il y aura et il y a déjà des bals masqués cet hiver. — Ainsi l'exige, dit-on, l'intérêt du commerce. Il faut que le commerce passe avant tout. — Ne critiquons pas trop, constatons.

SCÈNE I

Salle de l'Opéra.

Des groupes de masques et de dominos. — Une jeune femme en Esméralda esquive les poursuites d'un quidam, tout en riant aux éclats. — On s'amasse.

Une Voix. — Arrêtez-la! arrêtez-la!

Un Débardeur. — Qu'est-ce que c'est que cette bagarre?

Un Turc. — Voilà un butor!

La Voix. — Puisque je vous dis que c'est une voleuse!

Un Chienlit. — Laissez donc! Un mari qui veut empêcher sa femme de mordre à la pomme verte du paradis terrestre.

Un Imbécile. — Du tout, du tout, c'est mon histoire. Tenez, messieurs, je vous prends tous pour juges.

Quelques curieux s'approchent.

Le Chienlit, *à demi-voix*. — Eh bien, il a encore une bonne *touche*, celui-là.

L'Imbécile. — Messieurs, figurez-vous qu'elle s'appelle Lili, et moi Symphorien.

Un Monsieur, *en noir*. — *Il porte un habit boutonné jusqu'au menton.* — Monsieur, voyons, pas d'esclandre.

L'Imbécile. — Je ne veux pas d'esclandre, je réclame justice.

Le Débardeur. — Qu'on le laisse s'expliquer c't homme.

L'Imbécile. — Elle s'appelle Lili, je viens de vous le dire, et moi Symphorien. Nous sommes enfants de la rue du Paon. Il nous est venu l'idée de nous aimer, un soir d'été, en jouant au volant. Combien y a-t-il de ça? trois ans! quatre ans! Les femmes n'aiment pas pendant des éternités. Je me doutais bien que mademoiselle Lili me *faisait voir le tour*. En effet, elle vient de s'échapper tout à l'heure avec un Abencérage en costume abricot.

Le Débardeur. — Comment! c'est tout?

L'Imbécile. — Mon Dieu, oui, c'est tout. N'est-ce donc pas assez?

Le Turc. — Allons, c'était bien la peine de nous tenir cinq minutes pour une histoire qui arrive à tout le monde.

Ils sortent; l'imbécile écarquille les yeux et a l'air de chercher.

SCÈNE II

Le Promeneur, *à un domino noir*. — Ton nom?

Le Domino noir. — Je suis la Vengeance.

Le Promeneur. — Je ne comprends pas.

Le Domino noir. — Médite donc. En ce moment, je t'arrête par le bras, comme on voit dans *Angelo, Tyran de Padoue*, le sbire du conseil des Dix interpeller Rodolfo, l'amoureux. Hélas! tu es amoureux!

Le Promeneur. — Qui a pu t'apprendre!...

Le Domino noir. — Voilà trois ans que tu suis une femme du monde comme l'ombre suit le corps; voilà trois ans qu'elle trompe son mari pour toi, et voilà un an qu'elle te trompe pour un bélître.

Le Promeneur. — Un garçon insignifiant à figure rose, un commis d'agent de change?

Le Domino noir. — Précisément. Tiens, pour te prouver que je suis bien renseigné, écoute son nom.

Le masque se penche à son oreille et lui dit le nom.

Le Promeneur. — Il y avait un an que je m'en doutais.

Le Domino noir. — Tiens, ils sont là, dans le foyer, déguisés à cause du mari. Viens, tu prendras le bras de la femme; je sais, moi, comment m'emparer du bras de l'amant.

Le Promeneur. — Mais après?

Le Domino noir. — Après, tu m'obéiras aveuglément, — et nous les ferons mourir tous les deux, — à coups d'épingles, — oui, à coups d'épingles!

SCÈNE III

Un Pierrot, *à une Pierrette qui a la larme à l'œil.* — Non, Titine, nous ne nous raccommoderons pas.

La Pierrette. — Pourquoi ça, Timoléon?

Le Pierrot. — Le ruban rose de la tendresse qui sert d'attache à deux cœurs, ça ne se dénoue pas, ça se rompt.

La Pierrette. — Eh bien, alors, puisque tu le

prends sur ce ton-là, je vais dire deux mots au *Ço-vaje Sivilizé*, celui qui a un grand plumet rouge.

Elle se sauve en lui faisant un pied de nez.

Un Philosophe. — Comme ils se moquent tous les uns des autres !

XXXIX

LE MONDE OU L'ON S'AMUSE

A comtesse Rodolphine de N*** avait un amant : le baron Abel W***, jeune Suédois, toujours ganté de blanc.

Jusque-là, il n'y a pas de mal, n'est-ce pas?

De son côté, le mari de la dame, le comte de N*** a une maîtresse; c'est une fille de théâtre dont les paniers à salade font sensation au Bois.

Jusque-là, vu les mœurs de Paris, il n'y a pas de mal encore, au contraire.

Tout cela est fort normal et tout à fait dans l'ordre des choses actuel.

Attendez.

Voilà où l'affaire se complique.

La demoiselle aux paniers à salade, que nous appellerons Florine pour l'intelligence du récit, ne se pique pas précisément d'être sage comme une image. Elle a pour amant n° 2 un peintre paysagiste décoré du nom de Félicien.

Ce Félicien est un de ces élèves de Corot qui débutant toute leur vie, impuissants et glorieux, s'écrient sans cesse : « — Ah! la grande nature! Ah! le » superbe coucher de soleil! Ah! la divine aurore! » Ah! les beaux diamants de la rosée sur la pointe » des herbes! Ah! la marge verte des étangs! Ah! la » mésange qui module sa chanson sur la cime des » haies! Ah! les magnifiques sous-bois! » et qui à l'usé, quand il faut exécuter, finissent par faire péniblement un plat d'épinards ou un paquet de carottes.

Ce Félicien vivait, à grand' peine, dans les gargotes ou dans des crêmeries; mais quand il se promenait avec les gens de sa sorte il toisait les passants du haut en bas et murmurait entre ses moustaches :

— Élixir de bourgeois, va!

Revenons à notre récit.

Le comte de N***, voulant agir en vrai gentilhomme, dépensait soixante mille francs par an pour Florine, la demoiselle de théâtre.

Félicien dépensait une soixantaine de francs, tout au plus.

Le comte, fier comme aurait pu l'être le fils de

Lauzun, si Lauzun avait eu un fils, faisait semblant de ne pas voir entrer ou sortir le peintre.

Par contre, le peintre, romantique à tous crins, rugissait de fureur et roulait des yeux volcaniques toutes les fois qu'il apercevait le gentilhomme montant ou descendant l'escalier.

— Voilà, disait-il, voilà le misérable aristocrate qui me vole le trésor de mes pensées, tout mon bonheur !

Et il disait, en prenant le ton de Mélingue dans les *Trois Mousquetaires* :

— Ça ne se passera pas toujours comme ça.

Un jour, Félicien dit à Florine :

— Ton comte m'offusque. J'ai beau faire, je ne puis admettre qu'il mange le festin de mon amour. Écoute. Je finirai par tuer cet infâme.

A quoi Florine, qui est une *roublarde*, répondit :

— Eh bien, si tu m'aimes, fais ce que tu dis. Seulement, Bibi, je te préviens : le comte de N*** tue un cheval d'un coup de poing.

— Comme le césar Maximin Hercule tuait un bœuf ?

— Tout juste.

Félicien réfléchit ; puis, il finit par se dire :

— Eh bien, je chercherai une autre combinaison.

Félicien avait pour ami un journaliste, homme sentencieux et vindicatif. Il l'alla trouver. Il le consulta. Il lui conta son cas. Il représenta le comte de

N*** comme un voleur qui le dépouillait du trésor de son amour. Alors l'homme de plume, qui jouait à l'oracle, dit à l'élève de Corot :

— Ce comte prend ta maîtresse; eh bien, prends-lui sa femme.

Très certainement c'était une vilaine idée, peu morale, peu chevaleresque, peu conforme aux allures d'hommes délicats, mais, après tout, c'était une idée.

En écoutant le conseil, Félicien sourit, mais avec fatuité. Après avoir souri, il se dit :

— Mon ami le journaliste est un oracle. Tout ce qu'il dit est parole d'or. Faisons ce qu'il conseille.

Sur ce, il songea à faire le siège de la comtesse bien plus sérieusement qu'on n'a songé jadis à faire le siège de Sébastopol.

— Pommadons-nous, se dit-il; habillons-nous d'une belle pelure; mettons des gants, et allons où va la grande dame.

— Fat! direz-vous.

Ah! lecteur, quand vous en aurez le loisir, lisez un adorable opuscule, attribué à Champcenetz et ayant pour titre : *De l'amour des femmes pour les sots*. A la vérité, il y a comme réplique un opuscule de Chamfort intitulé : *De l'amour des sots pour les femmes*.

La premiere fois que Félicien vit la comtesse de N***, ce fut à l'Opéra, en novembre.

On jouait *la Juive*.

Ce soir-là, le baron Abel de X***, le beau Suédois, se trouvait dans la loge de la comtesse de N***. Tout en jouant avec une baguette, il crut faire un tour de maître en disant à la femme qu'il aimait, mais en lui montrant le paysagiste :

— Chère madame, ce grand garçon vous représente l'amant de cœur de la maîtresse de votre mari.

Naïf Suédois !

Naturellement la comtesse regarda beaucoup l'artiste, lequel ne la quittait pas des yeux. A force de le regarder, de le lorgner, elle rêva. Une idée bizarre traversait sa pensée.

— Quelle idée, lecteur ?

— Comment ! vous ne comprenez pas ?

— Non.

— Ah ! — Puisque vous ne comprenez pas, continuons.

En sortant de l'Opéra, le peintre s'attacha aux pas de la grande dame ; il la suivait comme une ombre suit le corps. A la fin, au moment où elle allait remonter en voiture, ayant l'air de parler à la cantonade, il annonça à haute voix qu'il irait, le lendemain, au Salon, Palais des Champs-Elysées.

Félicien se retira ensuite, en se disant tout bas :

— Dame, c'est ma manière de donner un rendez-vous. Elle y sera.

Le lendemain, il se planta devant son plat d'épinards, 5,375 : *Coucher de soleil à Ville-d'Avray*.

Alors la belle comtesse passa.

Qu'arriva-t-il à ce moment solennel?

Peut-être quelque chose d'analogue à la rencontre de Salomon avec la reine de Saba.

Ce qu'il y a de sûr, c'est que personne n'a jamais su la vérité au juste.

Cependant, huit jours après cette rencontre, la comtesse de N*** posait en pied dans l'atelier de Félicien, lequel n'était pourtant qu'un paysagiste.

Ce jour-là, Florine, lors de la promenade aux paniers à salade, remarquant que son peintre ordinaire manquait d'exactitude, eut l'idée de se jeter dans l'un de ses équipages et de l'aller voir dare dare.

Madame de N*** n'était plus là ; elle venait de s'envoler, mais son portrait en pied était nettement esquissé.

Ce fut même la première chose qu'aperçut la visiteuse.

— Félicien, dit-elle, qu'est-ce que cette femme honnête fait là, je vous prie? Vous aurait-elle commandé son portrait pour le baron W., son Suédois?

Le peintre, pris à l'improviste, imagina une fable absurde, et, comme on n'est jamais fâché de dire à sa maîtresse qu'on la trompe, il avoua la vérité.

— Mon cher, dit Florine, je trouve peu délicat de votre part de travailler dans ma clientèle.

Le soir, elle dit au comte de N***, le mari :

— Mon cher comte, vous êtes un charmant homme: je vous aime beaucoup, mais je vous avertis que je vous quitterai si votre femme s'habitue à prendre mes amoureux.

Le comte se fit raconter l'histoire tout au long et fit la réponse suivante, qui prouve un cœur reconnaissant :

— Ma chère, la comtesse est pour moi une amie véritable; elle n'a jamais manqué une occasion de m'être agréable.

Trois ou quatre jours après, aux courses de Vincennes, le baron W., le Suédois, en compagnie de jeunes dandys, complimentait Florine sur son nouveau panier à salade.

Florine paraissait soucieuse.

— Qu'avez-vous, ma chère? lui demanda le baron W. Auriez-vous, par aventure, perdu votre chien couchant?

— Je ne l'ai pas perdu, fit Florine en riant; votre maîtresse, la belle comtesse, me l'a volé.

Le baron W., qui est Suédois, ne trouva pas cette plaisanterie française très à son goût. Il se fâcha et jura de se venger.

Il observa son infidèle et ne tarda pas à savoir que, chaque matin, entre dix et onze heures, la grande dame et le peintre faisaient une promenade au Bois.

Une promenade avec un faiseur de plats d'épinards!

Alors, ce gentilhomme déloyal loua une petite maison avenue de l'Impératrice, et, un matin, tenant en main le tuyau d'une pompe d'arrosement, il attendit l'heure de la vengeance.

La voiture de la comtesse arrivait lentement. Lorsqu'elle fut à sa portée, le perfide baron ouvrit le robinet et une trombe horrible inonda le couple brûlant.

— Attrape!

Qui peindra l'horreur d'une semblable action!

Par une fatalité inexplicable, la comtesse a des domestiques dévoués. Au lieu de fuir, les imbéciles s'arrêtèrent pour faire face à l'orage.

Mais ce n'était pas un orage: c'était un déluge.

Le baron arrosait toujours.

Les rares promeneurs, et les habitants s'attroupaient.

La comtesse s'était évanouie. Félicien tremblait de colère, mais, mouillé jusqu'aux os, il n'osait sortir de la voiture de peur des quolibets de la foule qui riait à se tordre.

Puis, se montrer, c'était perdre la comtesse.

Le baron arrosait toujours. — Inflexible Scandinave!

Heureusement que les chevaux, plus intelligents que les hommes, lassés de cette cascade inattendue, prirent le galop.

Où furent se sécher les deux martyrs? C'est ce que l'histoire ne dit pas.

Mais, ce qui est certain, c'est qu'on n'a pas revu le peintre.

Le comte de N***, apprenant avec tout Paris la mésaventure de sa femme, écrivit au baron W..., le Suédois :

« Cher baron.

» On m'affirme que vous venez d'inventer un
» nouveau système d'irrigation. Vous seriez bien
» aimable de venir dans ma terre du Hainaut. Nous
» ferions des expériences, ensemble.

» Bien à vous,
» Comte de N***. »

Le baron s'est empressé de se rendre à l'invitation, et a eu le bras droit fracassé par une balle.

Comme Florine félicitait le comte sur sa conduite chevaleresque, il lui répondit :

— Que voulez-vous ? ma chère, je ne pouvais faire mieux pour une femme qui n'a jamais manqué une occasion de m'être agréable.

Les hommes ont blâmé la conduite du comte, mais les dames l'ont vivement défendue.

Plusieurs se sont écriées :

— Pourquoi tous les maris ne sont-ils pas ainsi ? On finirait par s'y attacher.

Il serait bien temps.

XL

TOUT CE QU'IL VOUS PLAIRA

Dans un petit salon bleu, rue ***.

oyons, de la petite dame brune ou de vous, qui a commencé par tromper l'autre?

— Nous nous sommes trompés tous les deux en même temps.

— Comment cela a-t-il pu se faire?

— Le voici. Quand je lui disais que je l'aimais, je l'adorais; — quand elle me disait qu'elle m'adorait, elle m'aimait seulement.

Stendhal a dit :

« Dupe est celui qui met du lyrisme dans l'amour. »

A l'une des dernières courses de la Marche, une jeune femme coquette et capricieuse témoigna le regret de ne point avoir un bouquet de lilas blanc.

Sur la manifestation de ce désir, un dandy, galant comme un marquis de la régence, quitta la société et revint trois heures après harassé, couvert de poussière, mais avec le bouquet demandé, qu'il offrit gracieusement à la jeune femme toute rougissante de surprise et de plaisir.

Chacun fit l'éloge de ce trait chevaleresque.

— Et d'où venez-vous ainsi? demanda avec intérêt la dame au lilas.

— De Paris, madame.

— Ah! et comment y êtes-vous allé?

— Au grand galop; je me suis fait prêter un cheval par M***.

— Vraiment? Il est bien aimable; remerciez-le de ma part.

Au Jardin d'acclimatation.

Le Philosophe. — Vous avez une cravate rose. J'en conclus que vous voulez plaire.

Le Blasé. — Non, je renonce au beau sexe.

Le Philosophe. — Vous! à votre âge! Et pourquoi donc, s'il vous plaît?

Le Blasé. — Philosophe, c'est à cause d'une découverte philosophique.

Le Philosophe. — Laquelle donc?

Le Blasé. — Je me suis demandé : « Quels sont les hommes qui sont le plus aimés des femmes? » Et j'ai dû me faire une réponse désolante.

Le Philosophe. — Voyons ça!

Le Blasé. — Quels sont les hommes qui ont le plus de femmes? Sont-ce les poètes? — Non.

Le Philosophe. — Le fait est que l'histoire répond non avec vous.

Le Blasé. — Sont-ce les médecins?

Le Philosophe. — Non, pas davantage.

Le Blasé. — Sont-ce les peintres?

Le Philosophe. — Autrefois, peut-être, mais non aujourd'hui.

Le Blasé. — Les confesseurs?

Le Philosophe. — Ah! par exemple!

Le Blasé. — Les militaires?

Le Philosophe. — Encore une chose passée de mode.

Le Blasé. — Les hommes qui ont le plus de femmes, ce sont... les perruquiers-coiffeurs.

⚜

Mademoiselle de la M***, déjà nubile, a eu pour père un homme très opiniâtre et très avare. L'Harpagon ne voulait pas marier sa fille, pour n'avoir pas à donner de dot.

Il est mort assez rapidement, sur la fin de juillet.

Une gouvernante est accourue auprès de la jeune fille.

— Ah! mademoiselle, lui a-t-elle dit, c'est sans doute une chose triste que ce décès, mais l'événement vous amènera un mari.

— Je ne crois pas, a répondu mademoiselle de la M***.

— Comment! vous ne croyez pas, mademoiselle? Et pourquoi?

— Parce que les mariages sont écrits au ciel, à ce qu'on dit. Or, mon père qui vient d'y monter, se rappellera qu'il ne voulait point m'établir, et il déchirera la page où mon mariage est écrit.

Dans le faubourg Saint-Germain (je ne donne pas d'autre adresse, de peur de faire une réclame), il y a une tireuse de cartes qui a une riche clientèle d'hommes.

— Savez-vous comment elle arrive à gagner beaucoup d'argent?

Tout simplement en disant à quiconque va la consulter :

— Monsieur, vous avez l'as de pique; — l'as de pique m'annonce que tant que vous conserverez un cheveu noir, vous aurez une bonne fortune en amour.

Ce qui se passe tous les jours à Paris.

Dans un petit salon bleu, — en tête-à-tête.

La Petite Dame. — Comment! monsieur, encore une scène de jalousie?

L'Amant qui pleure. — Eh! Lucile, comment

ne pas me plaindre quand je vous vois causer avec Jules et le regarder avec une préférence marquée!

La Petite Dame. — Je n'ai pas de préférence. Apprenez, monsieur, que je me conduis avec les autres absolument comme avec vous.

Entre Parisiennes de la Décadence.

La Dame Noire. — Quel diable d'amant vous avez pris là, ma chère! Il n'est pas plus beau qu'Ésope.

La Dame Rose, *avec un soupir*. — Que voulez-vous? Je l'ai pris bâti comme cela exprès pour m'habituer à la laideur de mon mari.

Encore une scène de bal masqué, pendant le carnaval à l'Opéra.

MARCELINE. — *(Nous nous bornons à reproduire.)*
— Je suis affreuse, méchante, contrefaite, ce qui fait que je ne sors qu'en carnaval.

ALFRED. — Non, tu es du pays où fleurit l'oranger, tu es une âme de feu, tu as des yeux noirs, et je t'aime.

MARCELINE. — Si votre déclaration était un télégramme, je dirais : cinq mots rayés nuls. Je suis mariée !

ALFRED. — Quel bonheur !

MARCELINE. — Et il est Corse.

ALFRED. — Eh bien ! son arrière-petit-neveu tuera mon arrière-petite-nièce ; mais en attendant, cher amour, ne refuse pas ce bouquet d'abord, puis une heure de causerie loin de cette foule importune.

MARCELINE. — Es-tu marié, toi ?

ALFRED. — Malheureusement.

MARCELINE. — Ah ! ze souffre bien, va.

ALFRED. — Mon âme est sœur de la tienne ; d'une sœur on peut accepter une douzaine d'armoricaines.

MARCELINE. — Vous promettez d'être convenable, ze ne me démasquerai pas.

ALFRED. — Pour vous le prouver, je garderai aussi mon masque.

MARCELINE. — C'est étonnant comme vous avez l'air d'imiter Priston.

ALFRED. — C'est pourtant mon organe légitime. Viens, fuyons ces lieux maudits, où comme dit un librettiste :

>   La foule en gants paille
>   Se heurte et se raille
>   Dans ces corridors.
>   Quelle barbarie !
>   Circuler pétrie
>   Par mille Alcindors

♧ ♧ ♧

Un jeune poète de la fin du second Empire, Albert Glatigny est mort très pauvre, à l'hôpital, à ce que je crois ; il est mort à la façon de Gilbert et d'Hégésippe Moreau. Y a-t-il lieu de s'étonner ? N'ayant pas d'abord réussi dans l'art si âpre de faire des vers et d'en vivre, il s'était fait comédien dans une troupe nomade, à travers les provinces. Tradition d'Aristophane, de Shakespeare et de Molière, lesquels, tous les trois, sont montés sur les planches.

Albert Glatigny, un jour, de retour dans Paris, racontait ses excursions en Normandie. On aurait dit d'un chapitre arraché au *Roman Comique* de

Paul Scarron, un autre poète peu favorisé du sort. Mais dans ce qu'il racontait, en dépit de tout, il y avait une très forte dose de gaîté.

Par exemple, au théâtre du Havre, dans les coulisses, il avait écouté, retenu et reproduit le dialogue que voici, entre une seconde jeune première et un petit cabotin, retour de Paris, lequel faisait sa tête, parce qu'il remplissait dans la troupe les fonctions de régisseur.

Elle. — Ne vous fichez pas de moi comme ça.

Lui. — Non! blague dans le coin, vous êtes un ange, et si nous remontons les *Amours du Diable*, je vous distribuerai l'envoyé du Seigneur, celui qui tient l'épée et qui ne dit rien.

Elle. — Avec une jupe courte et des ailes comme dans *Orphée aux Enfers?*

Lui. — Tout juste, trognon.

Elle. — Ah! c'est que j'ai de l'ambition — finissez, Casimir, — j'ai été à Paris, telle que vous me voyez. J'ai joué aux Délassements.

Lui. — Dans quelle pièce?

Elle. — Je ne sais pas. Je jouais les grenouilles.

Lui. — Les grenouilles?

Elle. — Oui, c'était une grande pièce. Il y avait un bal dans un salon rouge. Je traversais le fond du théâtre avec une autre femme. J'avais une toilette, je ne vous dis que ça. C'était plus chic que celle des autres. Quand c'était à nous de passer, le régisseur nous criait : « Par ici les grenouilles, vous allez manquer l'entrée. »

Lui. — Joli début.

Elle. — Ne blaguons pas. Les grenouilles sont fort recherchées.

✢

Depuis que le soleil et la lune éclairent le monde, on s'est aimé et on s'est trompé. Les poètes de tous les temps et de tous les pays n'ont guère vécu sur un autre thème que celui-là. Relisez les jolis vers de Clément Marot sur une maîtresse qui a poussé la trahison jusqu'à le dénoncer à la police du Saint-Office, parce qu'il a mangé du lard en carême. Au siècle dernier, Chamfort a écrit les *Petits Dialogues*, plus courts et non moins mordants que ceux de Lucien de Samosate. De nos jours, on a écrit aussi sur la tromperie en matière d'amour, mais les plus beaux esprits eux-mêmes ne savent plus y mettre beaucoup de délicatesse. Alfred de Musset, pourtant, s'est ravivé en traitant cette matière. La *Confession d'un enfant du siècle* est un cri éloquent, parti du cœur. Ailleurs, dans ses élégies, qu'on dirait écrites avec son sang, le poète des *Nuits*, prenant toujours et sans cesse la chose au sérieux, accuse, sur tous les tons, le Fabricateur de l'univers d'avoir permis qu'il ait été trompé. Le charmant poète devient ainsi aux yeux de la postérité le type du Sganarelle lyrique, du Georges Dandin non marié, type nouveau, que le roman et le théâtre n'ont encore que fort peu mis en scène.

A propos d'Alfred de Musset, nous voulons consigner ici un mot, assurément inédit. La chose a été dite à T***.

« — *On m'a volé mon cœur comme on vole aux* » *autres leur montre ou leur foulard.* »

Petit tronçon d'histoire.

Le maréchal Marmont, duc de Raguse, n'a jamais pu sentir Chateaubriand. Dans ses *Mémoires*, il raille grandement l'auteur d'*Atala*, qu'il s'obstine à regarder comme « un grand niais en fait d'amour. » — Quand on parlait devant lui des relations de l'illustre Breton avec une des plus belles femmes du siècle, il était impitoyable, il disait :

— A eux deux, Elle et Lui, ils formeraient tout au plus une statue fameuse du Musée secret de Naples.

On a deviné qu'il visait le beau marbre qui représente le fils d'Hermès et d'Aphrodite.

Mais le duc de Raguse n'était que fort incomplètement informé. Un livre de date récente, écrit par une femme, jadis fort belle, a renseigné là-dessus le dix-neuvième siècle. Les tendres fredaines de René ont donc été racontées par celle même qui y avait participé. Ainsi s'est envolée en l'air, et pour toujours, la pincée d'épigrammes, la vive moquerie du maréchal. A la vérité, ces racontars de M. P*** ont causé un très vif étonnement dans Paris. Pendant tout un mois, le faubourg Saint-Germain refusait d'y croire. — Le chantre des *Martyrs* donnant des rendez-vous à une jeune napoléonienne dans un cabaret des environs du Jardin-des-Plantes, en pleine Restauration, et se faisant chanter par la belle, au dessert, les chansons de Béranger ! Comme le grand vicomte descendait tout à coup du piédestal sur lequel l'avaient hissé les Purs, les Croyants et les Fidèles ! Mais il n'y avait pas moyen de révoquer plus longtemps l'assertion en doute, puisqu'il y eut successivement plusieurs éditions et que les points y étaient bien mis, très nettement, sur les *i*.

— Notre grand homme de Saint-Malo n'était qu'un Gascon, a dit alors M. de N***.

Ceux des générations nouvelles ne connaissent

aucunement madame Victorine Babois, pas même de nom. C'était une Muse qui a fait quelques bonnes élégies, de 1810 à 1825. Je sais bien que l'art lyrique de ces temps-là n'avait ni ailes ni flamme ; Évariste Parny en aura été la plus haute expression et, hommes et femmes, nul ne l'a dépassé, Évariste Parny, ce Pindare des boudoirs, dont Méry disait :

— Toutes les stances qu'il a faites semblent avoir été commandées par les confiseurs pour accompagner les marrons glacés du jour de l'an.

Méry, si cruel pour le « chantre d'Éléonore », était plein de tendresse pour madame Victorine Babois, et cela à cause d'un seul vers. Au temps de la Muse en question, Paris vivait encore, en fait d'amour, sur la vieille tradition française. En d'autres termes, la véhémence romantique, alors toute neuve, n'avait pas eu le temps de déteindre sur les mœurs de la nation. C'est dire qu'on ignorait, par exemple, l'oreiller d'Othello, le pistolet de Werther, les poignards et le poison de Calderon de la Barca. Trompé, être trompé, c'était compté pour presque rien. Deux ou trois genres d'épigrammes étaient les seules formes de vengeance en usage. Un peu plus tard, Alexandre Dumas, Victor Hugo, Alfred de Musset, George Sand sont venus, et toute cette poétique a été changée comme par un coup de baguette. Mais, à la suite de ce mouvement, Méry vantait sans cesse un alexandrin de madame Babois, qu'il donnait pour un traité de morale et même pour un code tout entier :

L'Amour est un enfant : il faut lui pardonner.

Méry voyait avec infiniment de déplaisir que la France cessât d'être tolérante en matière d'amour ; c'était ce qui le poussait à répéter un cri qui nous a semblé être le complément du vers cité plus haut :
— Les femmes n'ont jamais tort.

Ceux des romans de ce poète si aimable dont l'action se passe en France sont conformes à cette théorie. Le conteur ne se servait des grands moyens à la Shakespeare que lorsqu'il transportait l'action de son drame dans l'Inde anglaise, en Chine ou sous les Tropiques, c'est-à-dire partout où le soleil brûle le sang et met l'incendie à la tête. A son gré, — mais il ne le disait que tout bas, — le type du roman français était *Candide*, ce livre immortel qui ne parle jamais de l'amour qu'en riant.

Même observation à faire pour Nestor Roqueplan. Celui-là non plus ne comprenait pas que les gens d'esprit ou de bon ton prissent jamais au sérieux une affaire d'alcôve. Pour appuyer sa manière de voir à cet égard, il rappelait la littérature si amusante du temps des Valois, les *Historiettes de Tallemant des Réaux*, les *Mémoires du duc de Saint-Simon* et toute la poésie érotique du siècle de Voltaire. A son gré, Paul de Kock était le seul des contemporains qui, dans ces choses-là, fût conforme à la tradition nationale.

Un jour, on se le rappelle, deux jeunes gens de famille eurent une querelle au Cirque d'été, à propos d'une femme légère, qui portait une fleur à son corsage. On échangea des cartes. Le lendemain, il y eut rencontre à la frontière belge et l'un d'eux fut tué. Nestor Roqueplan disait à cette occasion, avec l'air narquois qui servait d'assaisonnement à toutes ses paroles :

— Il y a cent ans, sous Louis XV, c'est Bachaumont qui le raconte, deux jeunes Gascons de la cour eurent une querelle du même genre. Ils se mirent à jouer la rose au premier as. Le gagnant prit la femme sous le bras, s'en alla avec elle et tout finit par là. Est-ce que ce dénouement n'était pas préférable, sous tous les rapports ?

❖ ❖ ❖

— H. de Balzac ? — Pas un des hommes sortis de la côte d'Adam n'aura plus souvent prononcé ou écrit le mot : « Amour ! » — Méry déjà cité, toujours satiriste, même en paroles, disait en fumant son cigare : — « L'Amour ! Balzac n'en a connu » que le nom ! » — Est-ce vrai ? Le poète fondait son sentiment à cet égard sur des notions physiologiques personnelles au grand romancier. Timidité de jeune fille, voix flûtée et le reste. (Le reste ne peut pas se dire.)

— L'Amour et H. de Balzac, reprenait Méry, allons donc, ça ne se soutient pas !

Et tous les auditeurs d'éclater de rire.

D'un autre côté, H. de Balzac raillait sans cesse, entre amis, un des plus célèbres polygraphes du temps. Nous voulons dire C.-A. Sainte-Beuve, l'incarnation de Joseph Delorme, le même qui avait inventé, en 1830, l'*Amour poitrinaire*. Aux yeux du romancier, le critique, surnommé par lui *Sainte-Bévue*, était un vantard, un blagueur, un fanfaron de prouesses amoureuses. Physiologiquement parlant, les plaisirs tant honorés à Corinthe étaient refusés à ce Picard de Boulogne-sur-Mer. S'il faisait des vers langoureux, s'il écrivait une prose émue, s'il parlait sans cesse de femmes, c'était afin de se donner pour ce qu'il n'était pas.

Ce qui avait surtout irrité H. de Balzac, c'était celui des chapitres de *Volupté*, où Amaury se complaît à énumérer la liste de ses déportements et de ses débauches. Ainsi l'auteur du *Lys dans la vallée* avait lu à la loupe ce roman d'un confrère et, comme ce récit, du reste si remarquable, affectait la forme d'une autobiographie, il voyait là-dedans le secret désir de se faire valoir aux yeux des contemporains. Il y trouvait sans doute aussi un style d'une ampleur superbe, une analyse psychologique d'une subtilité sans pareille, mille qualités littéraires de très haut goût, et, dit-on, il jalousait tout cela. Mais c'était le chapitre de la débauche, à travers certaines rues tortueuses de Paris, qui arrêtait le plus son esprit, parce qu'il y voyait le sujet certain d'un blâme ou d'une critique. Amaury, disant tout en très beau langage, raconte comment, la journée finie, pour tromper les exigences d'une passion inassouvie, pour s'écarter de la tyrannie d'un amour de grande dame, il s'en allait bravement, sans vergogne, d'une maison mal famée à un lupanar, et par suite de quelle supercherie philosophique, en prenant un baiser sur la lèvre des filles perdues, il parvenait à croire que c'était la grande dame de ses rêves qu'il possédait. — Pour décrire une telle situation, Sainte-Beuve avait-il usé d'expérience ou n'avait-il fait qu'imaginer ? Ceux qui ont vécu, plus tard, dans l'intimité du grand critique ont dit qu'il avait dû y avoir là un fait d'expérience, Sainte-Beuve ayant eu, au su de tout le monde, une vieillesse quelque peu licencieuse. Mais pour H. de Balzac, que tout combat d'amour émerveillait, parce que, comme le disait Méry, il était incapable d'en soutenir un seul, ces vêpres de Sainte-Beuve étaient une vantardise, tranchons le mot, une blague. Voilà pourquoi il disait à Hippolyte Souverain :

— Dans *Volupté*, Sainte-Beuve bat lui-même la générale pour faire supposer aux voisins que le feu est chez lui.

Vous le voyez : il y a dans ce mot, et beaucoup de finesse, et beaucoup d'ironie.

Au reste, un livre fort inattendu à tous égards : *Sainte-Beuve et ses inconnues* (1879), par A. F. Pons, un des anciens secrétaires du critique, semblerait faire croire que H. de Balzac s'est trompé du tout au tout sur l'auteur de *Volupté*, du moins en ce qui concerne la question d'amour. Amour littéraire, amour physique, amour platonique, amour sans retenue, Sainte-Beuve est maintenant représenté comme ayant été un dévot au culte de Cypris.
— Soit dit entre parenthèse, le livre de M. A. F. Pons déchire bien des voiles ; il fait voir de bien vilaines choses qu'il eût mieux valu laisser dans l'ombre. Mais n'importe. En dernière analyse, celui que H. de Balzac cherchait à faire passer pour un Newton forcé ou pour un eunuque nous est donné, suivant les termes employés par son secrétaire, comme « un fort abatteur de bois. » — Voyons, qu'y a-t-il de vrai en toutes ces choses ? Qui a gasconné en plus ou en moins ? On ne saura jamais le fin mot de la chose, car, au bout du compte, il s'agit ici d'un fait qui n'importe pas à l'histoire.

Feu le père Vachette.

En ce temps-là, il y avait eu un incendie désastreux (celui de la rue du Pot-de-Fer). Beaucoup de familles pauvres étaient sur le pavé.

Voici comment le père Vachette (le Brébant d'alors) s'y prit pour faire souscrire une forte gommeuse de l'époque.

Celle-là se nommait Léonie D..., fort jolie soupeuse, mais passant de l'un à l'autre avec une facilité sans pareille.

Le père Vachette. — Léonie, un mot.

La Soupeuse. — Qu'est-ce que c'est?

Le père Vachette. — Combien de fois êtes-vous venue souper ici, à la sortie du théâtre?

La Soupeuse. — Je ne sais pas, au juste. Un millier de fois, peut-être.

Le père Vachette. — Combien de fois avez-vous gravé votre nom sur les glaces, en regard du nom de vos amants?

La Soupeuse. — Tiens, je ne sais pas non plus.

Le père Vachette. — Eh bien, madame, vous

donnerez pour les incendiés autant de louis qu'on trouvera de fois votre nom gravé par vous sur les glaces avec le diamant de vos bagues.

La Soupeuse. — J'aime mieux payer tout de suite dix louis, se hâta de répliquer la mondaine.

Et, en effet, elle donna la somme.

⁂

Jean de Paris. — Une énigme ! Quelle énigme ?

Rabelais. — Pas un de nous qui ne rencontre cette énigme sur son chemin, car elle est sans cesse à nos côtés. Elle a une tête, deux jambes, deux bras, deux yeux. Elle a un cœur. On ne sait pas si elle a une âme.

Jean de Paris. — Eh bien ?.....

Rabelais. — La chose dont on dit le plus de bien et le plus de mal.

Jean de Paris. — L'argent, alors ?

Rabelais. — Non. Je continue : La plus belle, la plus terrible chose de la vie.

— Un ange, un démon ;

— Un abîme dont personne ne peut sonder les mystères ; un sourire éternel ;

— Un paradis pour les uns, un enfer pour les autres ;

— Le plus fort et le plus faible des êtres;

— Comme les rois, trouvant peu d'amis, beaucoup de flatteurs;

— Comme eux amoureux du pouvoir; comme eux facile à se laisser dominer;

— La plus hardie et la plus tendre des créatures;

— La plus superstitieuse et la plus téméraire;

— Un résumé de tous les contrastes;

— Un être volontaire, hardi, résolu;

— Un être inconstant, mobile, ne voulant rien voir ni savoir;

— Un être vaniteux, un être modeste;

— Un être porté à la gloire; un être porté au sacrifice;

— Un cœur adorable dans la colère, redoutable dans la douceur;

— Une source de plaisir, une source de tous les maux;

— Aimant la civilisation, pratiquant la sauvagerie;

— Un puits d'enthousiasme, une fontaine de froideur;

— En tout, la plus inconcevable des énigmes.

— Eh bien! dites donc : la Femme.

JEAN DE PARIS. — Et dire qu'on ne peut s'en passer!

✤ ✤

Alexandle Dumas fils. — Dieu a créé la femme pour empêcher l'homme de faire de grandes choses.

De grandes choses, et pourtant il en fait et la femme aussi !

✤ ✤
✤

AU FOYER DU THÉATRE-FRANÇAIS

(Entr'acte de l'*Étrangère*.)

Oscar. — Les femmes ! les femmes ! Vous en parlez toujours en mal.

Abel. — C'est que j'ai beaucoup souffert par elles.

Oscar. — Bon ! vous avez souffert ! On souffre des truffes, quand on s'en donne une indigestion : du château-yquem, quand on en boit trop ; d'une rose moussue, quand on se pique le doigt à ses épines ; du mal de mer, quand on veut visiter le golfe de Naples. Ce n'est pas une raison, cela !

✢✢✢

Au Salon de 1879 vous avez admiré, comme tout le monde, un très beau tableau de Gervex : *le Retour du bal*.

Monsieur et madame, en grande toilette, reviennent du bal, passé minuit. Assis à une distance trop respectueuse, ils se tournent le dos de manière à faire supposer qu'il y a eu une scène vive entre eux et qu'ils se boudent réciproquement.

Voici le pendant à ce tableau de genre.

Le comte et la comtesse sont assis ; leurs regards assombris se perdent dans les contours d'une riche tapisserie. Ils ont l'air de rêver tous deux. On peut croire qu'une scène terrible a dû se passer entre eux quelques instants auparavant.

Le Comte. — Ah ! madame, l'affaire a été chaude... Savez-vous qu'il s'en est fallu de bien peu que je vous...

Il fait le geste de donner un soufflet.

La Comtesse, *cachant sa tête dans ses mains*. — Oh ! monsieur !

Le Comte, *en attendrissant sa voix*. — Voyons, Émilia, qu'eussiez-vous fait si je vous avais frappée ?

La Comtesse, *le regardant fixement.* — Rodolphe ! comme je t'aurais aimé !

Elle se jette dans ses bras.

⁕

D'un mari de qualité à sa femme, très courtisée, une des plus brillantes étoiles du ciel parisien :

« Madame,

» J'en tuerai quatre. Après je viendrai me mettre à vos pieds.

» A eux, à vous,

» Comte de X... »

Un raffiné du temps de Henri III eût-il mieux dit ? C'est égal, il est bien drôle de voir le faubourg Saint-Germain faire concurrence à l'Ambigu, et nos plus nobles *clubmen* rédiger leur correspondance conjugale avec la plume de M. Mélingue-d'Artagnan.

Fanfaronnade et gasconnade se donnent la main.

Madame Desbordes-Valmore, — un vrai poète, — (Sainte-Beuve nous l'a assez fait voir), a fait sur les Gasconnades de l'Amour une très belle chanson.

> O menteur, qui disait sa vie
> Nouée au fuseau de mon sort,
> Criant au ciel que son envie
> Était de mourir de ma mort!
>
> Éclos sous le feu de mon âme,
> Tremblant de s'y brûler un jour,
> Il jeta des pleurs sur la flamme,
> O menteur, ô menteur d'amour!

Il y en a dix strophes sur ce ton-là. Mais il paraît que, la pièce finie, l'auteur voulait la déchirer, en s'écriant :

— Que je suis donc simple! L'Amour ne dit que mensonges comme la poésie et comme la peinture.

Ovide, l'auteur de l'*Art d'aimer*, appelle l'Amour : — *Le Menteur*.

Une scène d'atelier, imaginée vers 1840 chez Robert Fleury.

La scène se passe entre un Rapin et un Modèle.

Le Rapin. — Lélia, rends-moi ton amour.

Lélia. — Laisse-moi en repos.

Le Rapin. — Rends-le moi, je t'en conjure!

Lélia. — Non. Tu en abuserais.

Le Rapin. — Rends-le moi, rends-moi ton amour. J'en aurai le plus grand soin.

Lélia. — Comme de coutume. Tu n'as jamais su le garder.

Le Rapin. — Rends-le moi; il ne me quittera plus, je te jure.

Lélia. — Allons, c'est bien la dernière fois que je m'y prête. Tiens, le voilà.

Elle ouvre un tiroir où elle serre ce qu'elle a de plus précieux: lettres, vieux bouquets, quelques bagues et... son Amour.

Le lendemain, ils se retrouvent.

Lélia. — Prosper, et mon amour?....

Le Rapin, *balbutiant*. — Je... c'est...

Lélia. — Où est-il?

Le Rapin, *de plus en plus troublé*. — Je vais te dire....

Lélia. — Mes pressentiments ne me trompaient

pas. Une voix secrète me disait : « Voilà ton amour encore une fois flambé. » Qu'en as-tu fait, Prosper?

Le Rapin. — Eh! pardieu, je l'ai mis au clou, Bureau-Est, n° 5. (*Il tire un papier de sa poche.*) — Tiens, voilà la reconnaissance.

Lélia, *lisant*. « Mardi, 3 octobre 18... engagé » un Amour en argent massif, sur le modèle de ce- » lui de Benvenuto Cellini. Le prêt est de trente-un » francs, frais payés. » — Ah! Prosper, tu avais juré que tu n'en abuserais plus!

FIN

TABLE

A l'Ombre de Rétif de la Bretonne 1
I. — La Lettre de madame H*** de Z***. . . 1
II. — Le Panier de fraises 9
III. — L'Homme aux treize femmes 13
IV. — Un Baron pour rire 21
V. — Les Trois montres du zouave 27
VI. — Fantaisie d'actrice. 31

VII. — Le Bal de Son Excellence	39
VIII. — Diamants et cachemires	47
IX. — L'Amour, vu en noir	51
X. — L'Officier, l'actrice et le chemisier	71
XI. — Le Soufflet à la danseuse	77
XII. — Une Tempête dans une tasse de Japon	87
XIII. — Le Lézard d'or	95
XIV. — L'Éventail de mademoiselle Cora Pearl	103
XV. — La Jambe de bois	111
XVI. — Le cas de mademoiselle Juliette Lilienthal	121
XVII. — Pourquoi il n'y a plus de comédiennes	127
XVIII. — Cantatrice et princesse	139
XIX. — Sous le masque	145
XX. — Histoire d'un dîner fin	151
XXI. — Un Bal de millionnaire	159
XXII. — Celle qu'on arrête	171
XXIII. — La Main coupée	183
XXIV. — Les Abandonnés	191
XXV. — Une Histoire de forçat	199
XXVI. — La Grande dame et le ténor	207
XXVII. — Un Nez d'argent	213
XXVIII. — Ce que disent les langues de vipère	219
XXIX. — Chanson. — Le marinier du Cher	225
XXX. — L'Enlèvement	229
XXXI. — Vente de meubles	237
XXXII. — Une Voiture au mois	245
XXXIII. — Petites causes célèbres: L'Amour voleur	249

XXXIV. — Le Baigneur pour rire	. . . .	265
XXXV. — Un Péché de jeunesse	. . . .	269
XXXVI. — L'Oncle et le neveu	. . . .	277
XXXVII. — La Sauveteuse	. . . .	287
XXXVIII. — Scènes de bal masqué	. . . . . .	293
XXXIX. — Le Monde où l'on s'amuse	. . . . .	299
XL. — Tout ce qu'il vous plaira	. . . . .	309

IMPRIMERIE GÉNÉRALE DE CHATILLON-SUR-SEINE. — JEANNE ROBERT.

www.ingramcontent.com/pod-product-compliance
Lightning Source LLC
Chambersburg PA
CBHW060332170426
43202CB00014B/2752